50 EXERCICES pour RETROUVER LE BONHEUR

Groupe Eyrolles
61, Bd Saint-Germain
75240 Paris Cedex 05

www.editions-eyrolles.com

Jacques Regard est conseiller en développement personnel et intervient comme consultant en management relationnel. Vous pouvez le retrouver à l'adresse suivante :

www.Jacques-regard.com

ISBN : 978-2-212-54374-2

Jacques Regard

50 EXERCICES pour RETROUVER LE BONHEUR

EYROLLES

Dans la même collection :

Laurie Hawkes, *50 exercices d'estime de soi.*

Christophe Carré, *50 exercices pour maîtriser l'art de la manipulation.*

Jacques Regard, *50 exercices pour ne plus tout remettre au lendemain.*

Jean-Philippe Vidal, *50 exercices pour mieux communiquer avec les autres.*

Du même auteur :

Gens qui rient gens qui pleurent : motivation et comportements humains, Village mondial, 2001.

Manipulation : ne vous laissez plus faire !, Eyrolles, 2004.

Les Émotions, tout simplement, Eyrolles, 2007.

50 exercices pour ne plus tout remettre au lendemain, Eyrolles, 2009.

Contact : www.jacques-regard.com ou jacques.regard@gmail.com

Sommaire

Beaucoup de gens croient qu'ils pensent
alors qu'ils remettent seulement en ordre leurs préjugés.

William James

Introduction

Ce livre a trois missions :

- la première est de vous rendre plus fort pour éliminer ce qui vous empêche d'être heureux ;
- la deuxième est d'améliorer la qualité de votre vie quotidienne ;
- la troisième – si vous l'acceptez – est de vous servir de guide dans cette quête du bonheur.

Le bonheur ! Mais de quoi est-il fait ? Correspond-il à l'absence de souffrance, à la disparition de situations désagréables ? Provient-il d'une situation professionnelle particulière, de la possession d'objets rares et précieux, d'une relation amoureuse éblouissante, d'une progéniture épanouie, d'un compte en banque bien garni, d'un appartement de rêve, d'une voiture de marque prestigieuse, de vêtements de luxe, de vacances au bout du monde ? Où se cache-t-il ? Dans un lieu lointain et mystérieux, ou au contraire tellement près de nous que nous sommes incapables de le voir ?

La première partie de cet ouvrage contient des exercices qui vous aideront à traverser les moments difficiles. Ce sont autant de mains tendues pour vous sortir de ces souffrances qui vous entraînent un peu plus profondément à chaque effort que vous faites pour leur échapper. Ces exercices ne sauraient bien sûr remplacer l'assistance d'un professionnel averti lorsque cela s'avère nécessaire, mais ils vous seront d'une très grande utilité si vous pensez pouvoir faire seul une partie du chemin.

La deuxième partie est composée d'exercices permettant de reprendre pied dans le temps présent et de développer de nouvelles qualités. Ils vous aideront à améliorer l'image que vous avez de vous-même et votre vision de la vie en général.

La troisième et dernière partie regroupe des exercices à faire régulièrement pour s'ouvrir chaque jour davantage au bonheur de vivre, bonheur bien plus accessible que vous ne l'imaginez.

Les résultats attendus sont les suivants :

- savoir se dégager rapidement de ses souffrances morales ;
- améliorer son estime de soi ;
- découvrir qui l'on est vraiment ;
- trouver la route de la sérénité.

Cet ouvrage d'exercices est un objet intime. Personne d'autre que vous ne le lira (sauf si vous le désirez). Alors ne vous contentez pas de survoler les instructions ou de les exécuter mentalement. Respectez scrupuleusement les consignes données, écrivez vos réponses directement sur le livre et notez-y tout ce qui vous vient à l'esprit. Ce ne sont ni les exercices eux-mêmes ni la compréhension intellectuelle que vous en avez qui déterminera votre progression dans votre quête du bonheur, mais l'application et le sérieux que vous mettrez à faire ce qui vous est demandé. Le seul artisan de votre bonheur, c'est vous !

Exercice n° 1 • État des lieux

Commencez par faire le point sur vous-même pour savoir où vous en êtes et ce dont vous avez vraiment besoin.

Parmi les propositions suivantes, cochez celles qui vous concernent et que vous auriez pu formuler.

1. Je voudrais aller moins mal. ☐
2. Je voudrais ne plus me sentir si mal. ☐
3. Je voudrais être débarrassé de ce fardeau qui me gâche la vie. ☐
4. Je voudrais ne plus vivre ce que je suis en train de vivre. ☐
5. Je voudrais aller mieux. ☐
6. Je voudrais me sentir meilleur. ☐
7. Je voudrais devenir davantage capable d'agir. ☐
8. Je voudrais faire ce que je n'arrive pas à faire. ☐
9. Je voudrais me sentir vraiment bien. ☐
10. Je voudrais être heureux. ☐
11. Je voudrais vivre pleinement. ☐
12. Je voudrais trouver un sens à ma vie. ☐

Analyse des réponses

Si vous avez principalement coché les propositions 1 à 4, *vous êtes dans une période difficile. Pour vous aider à traverser ces moments désagréables ou douloureux, commencez par faire les exercices de la première partie.*

Si vous avez principalement coché les propositions 5 à 8, *vous n'êtes pas entièrement satisfait de vous-même et vous avez envie de vous améliorer. Les exercices de la deuxième partie sont faits pour vous !*

Si vous avez principalement coché les propositions 9 à 12, *vous avez soif d'épanouissement, d'authenticité et d'absolu. Les exercices de la troisième partie vous accompagneront dans cette recherche.*

Nous vous indiquons ici les exercices à travailler en priorité ! Pour vous rapprocher de votre objectif, vous pouvez également faire les autres exercices de cet ouvrage. Vous en tirerez de nombreux avantages…

1

Arrêter de souffrir

Il y a des moments dans l'existence où la vie semble n'avoir pour seul but que de nous faire du mal. Lorsque nous sommes submergés par l'angoisse, par la peur ou par le désespoir, lorsque nous nous sentons au fond de l'abîme et que nous ne savons plus quoi faire pour en sortir, il n'est alors plus question de bonheur ni de mieux-être. Nous souhaitons juste mettre un terme à cette spirale infernale et donnerions n'importe quoi pour arrêter de souffrir. C'est l'objectif et le sujet de cette première série d'exercices.

Il existe en effet des solutions d'ordre général relativement simples à utiliser quand on se trouve dans ces périodes particulièrement désagréables. Mieux vaut découvrir et pratiquer ces techniques avant que la situation ne se soit trop dégradée, si vous le pouvez bien sûr. Néanmoins, quelle que soit l'urgence, les résultats obtenus seront toujours à la hauteur de votre degré d'investissement dans la mise en œuvre des exercices.

Exercice n° 2 • Chassez le stress !

Voici tout d'abord un exercice simple mais terriblement efficace pour évacuer son stress.

Choisissez un endroit tranquille où vous pouvez vous allonger et suivez les indications ci-dessous.

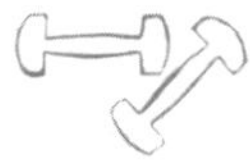

1. Allongez-vous les bras le long du corps. Commencez par gonfler le ventre au maximum, puis continuez en gonflant la poitrine. Inspirez une seule fois et emmagasinez de l'air au maximum de vos possibilités.

2. Tout en continuant à retenir votre souffle, contractez votre abdomen et remontez le diaphragme le plus haut possible comme si vous poussiez l'air de vos poumons jusque sous vos épaules (c'est un moyen de stimuler le nerf phrénique[1], en partie responsable des tensions ressenties dans la poitrine). Si cet effort est légèrement douloureux, c'est la preuve que l'exercice est utile.

3. Retenez votre respiration pendant cinq secondes... puis expirez brutalement l'air par la bouche en faisant du bruit. Un « pouh », un « han » de bûcheron ou n'importe quelle autre onomatopée feront l'affaire. Ce souffle bref et puissant part du ventre et expulse les tensions indésirables avec tout l'air que vous aviez emmagasiné.

4. Appréciez ensuite le calme, la détente et la disparition ou la diminution du stress.

1. Le nerf phrénique innerve le diaphragme. Sa détente enlève le « poids » que l'on a sur la poitrine. L'irritation du nerf phrénique est à l'origine du hoquet.

Attention !

Faites cet exercice trois ou quatre fois de suite, mais jamais plus, pour éviter une hyperventilation.

Exercice n° 3 • « Et alors ? »

Si vous sentez que vous vous enfoncez dans une difficulté, essayez de relativiser en vous interrogeant sur ses conséquences éventuelles. Le but de ce questionnement est d'arriver à une réponse constructive.

Pour utiliser au mieux la méthode du « Et alors ? », suivez les consignes ci-dessous.

« J'ai peur de prendre une décision.

– Et alors ?

– Je pourrais faire le mauvais choix.

– Et alors ?

– Ce serait catastrophique.

– Et alors ?

– Il vaudrait mieux ne pas prendre de décision.

– Et alors ?

– J'en serais toujours au même point.

– Et alors ?

– Je pourrais aussi faire le bon choix. Il faudrait que j'aie plus de renseignements pour pouvoir me décider. »

Après avoir tenu ce raisonnement, la personne a pu s'organiser pour trouver les informations manquantes lui permettant de faire son choix en toute connaissance de cause.

1. Choisissez une difficulté que vous avez envie de surmonter et posez-vous la question « Et alors ? » jusqu'à ce que vous obteniez une réponse constructive.

Mon problème :

– Et alors ?

– Et alors ?

– Et alors ?

– Et alors ?

– Et alors ?

– Et alors ?

– Et alors ?

– Et alors ?

----

2. Le résultat de ce questionnement est-il positif ? Que vous a-t-il permis de comprendre ?

_ _

_ _

_ _

_ _

Variante

Pour relativiser une appréhension, une crainte ou une peur, vous pouvez utiliser la « méthode du pire ». Travailler à imaginer le pire scénario possible, ce n'est ni le souhaiter ni se résigner à le subir. En vous obligeant à vous pencher sur ce que vous redoutez le plus, vous êtes amené à voir sa véritable nature. En observant les choses telles qu'elles sont et non plus telles que vous les imaginez, vous vous libérez de ce qui vous contrôlait. Vous renversez les rôles et retrouvez la maîtrise de la situation.

Procédez de la même façon qu'avec la technique « Et alors ? ». Imaginez un dialogue intérieur dans lequel, à chaque réplique, vous vous demanderiez : « Que pourrait-il arriver au pire ? » (voir également exercice ***n° 36****).*

Exercice n° 4 • Une épine contre une épine

À la campagne, lorsque l'on se blesse avec une épine et que l'on n'a pas de pince à épiler sous la main pour l'enlever, on peut toujours utiliser une autre épine à la place. L'opération est un peu douloureuse au début, mais le soulagement est ensuite immédiat.

Répondez à la question suivante en choisissant la réponse qui vous paraît la plus appropriée.

Que pouvez-vous faire pour vous débarrasser d'un air ou d'une chanson qui vous tourne constamment dans la tête ?

a) J'essaie d'arrêter d'y penser.

b) J'essaie de penser à autre chose.

c) Je choisis un autre air que je fredonne systématiquement chaque fois que la musique obsédante réapparaît.

Solution

*La réponse **a** est peu efficace. Vous constaterez très vite qu'« essayer » de faire quelque chose est un signe d'impuissance et ne produit guère de résultat. Quand on essaie de faire quelque chose, on part perdant.*

*La réponse **b** s'apparente au brouillage radio qui n'empêche pas l'émission pirate de se faire entendre. Une fois de plus, le fait d'essayer ne garantit rien !*

*La réponse **c** est la meilleure. Fredonner volontairement une chanson à la place de celle qui vous obsède est une méthode rapide qui donne de bons résultats.*

Exercice n° 5 • Une idée contre une idée

Répondez à la question suivante en choisissant la réponse qui vous paraît la plus appropriée.

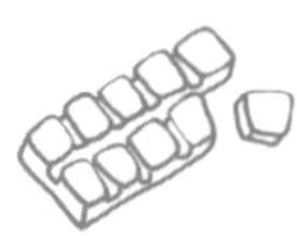

Vous êtes victime d'idées noires ou d'émotions désagréables. Que faites-vous pour retrouver au plus vite le sourire ?

a) Je continue d'y penser.

b) J'essaie de faire taire mes pensées sombres ou de les contrôler.

c) Je tente de penser à autre chose.

d) Je cherche à comprendre pourquoi j'en suis là.

e) Je pars à la recherche de l'origine du problème.

f) Je cherche à tout prix une solution.

g) Je culpabilise.

h) Je me concentre sur une pensée agréable et constructive qui pourra avantageusement remplacer celle qui me dérange.

Analyse des réponses et commentaire

a) *Continuer de penser à ce qui vous obsède ne fait que donner un peu plus de poids et de présence à cette idée parasite.*

b) *Essayer de faire taire une pensée ou vouloir la contrôler ne sont que des moyens détournés de continuer à la considérer. Quand vous désirez contrôler quelque chose, vous êtes en effet obligé de le surveiller sans relâche. Avec ce genre de comportement, vous deviendrez très vite l'esclave de ce que vous souhaitez maîtriser.*

c) *Cette troisième solution est peu efficace, car comme nous l'avons vu, « essayer de penser » à quelque chose, ce n'est pas y penser. Que ressentiriez-vous si, dans un avion, vous entendiez le pilote annoncer qu'il va « essayer » d'atterrir ?*

d) *Si vous comprenez que vous en êtes là parce que vous n'avez pas cessé de penser à cette difficulté, vous avez fait un premier pas pour aller mieux. Mais ce n'est pas suffisant…*

e) *Chercher l'origine d'un problème peut vous être utile, à condition de savoir vous y prendre ou de vous faire accompagner par quelqu'un de compétent. Sinon, cette réflexion ne fera qu'alimenter vos difficultés.*

f) *Si, après avoir cherché suffisamment longtemps, vous ne trouvez pas de réponse, il vaut peut-être mieux utiliser une autre méthode…*

g) *Culpabiliser n'a jamais rien arrangé. Cela prouve simplement que vous êtes en train de penser « à la manière de quelqu'un d'autre ». La culpabilisation est très souvent le signe d'une manipulation exté-*

rieure, orchestrée par quelqu'un qui cherche à vous faire penser ou agir comme il le désire[2]*.*

h) *Cette dernière solution est la meilleure ! Elle est très simple et très rapide, à condition d'y recourir avant que la situation ne devienne trop difficile à gérer.*

Exercice n° 6 • Les pensées de substitution

Voici une méthode pour inventer une idée agréable et constructive qui pourra remplacer vos pensées désagréables. De manière générale, n'attendez pas d'être mal pour vous mettre au travail. Ce n'est pas quand on est en train de se noyer qu'il faut commander une bouée de sauvetage.

Remémorez-vous des moments de votre vie durant lesquels vous vous êtes senti particulièrement bien : des vacances heureuses, une réussite professionnelle, le début d'un amour, l'annonce d'une bonne nouvelle, etc., puis suivez les instructions ci-dessous.

1. Donnez un titre à chaque image positive de substitution que vous avez trouvée.

– Les premières vacances sans mes parents, l'obtention de mon diplôme, la première soirée avec Marc, la naissance de Marie...

– –

– –

2. Voir à ce sujet *50 exercices pour maîtriser l'art de la manipulation* de C. Carré dans la même collection.

---

2. Classez ces images et mettez en n° 1 celle qui vous paraît la plus agréable ou la plus facile à « appeler ». Notez-la ci-dessous.

Image n° 1 : ___________________________________

---

3. Concentrez-vous sur cette image et agrandissez-la. Plongez-vous avec délice dans cet instant de bonheur. Prélassez-vous dans ces sensations agréables comme vous le feriez dans une eau à la température idéale. Prenez le temps de goûter toutes les sensations toniques, vivifiantes ou réconfortantes que vous procure cette image. Ne vous contentez pas de l'idée que vous en avez, ressentez-les le plus concrètement possible.

4. Lorsque vous estimez avoir fait le plein de sensations, attribuez-leur une « étiquette », de manière à les retrouver facilement lorsque vous en aurez besoin.

« Détendu et heureux » ; « tonique et plein d'entrain » ; « confiant et serein »...

Commentaire

Le titre que vous avez donné à l'étape 2 sert à repérer le souvenir. Les « étiquettes » de l'étape 4 vous permettent de mettre le doigt sur le genre de sensations que vous souhaitez cultiver. Vous pouvez vous créer plusieurs pensées de substitution.

N'attendez pas d'être en détresse pour les construire et leur donner plus de corps. Profitez au contraire des moments de bien-être pour le faire. Prenez conscience de la manière dont vous vous sentez, étiquetez ces sensations et mettez le tout en mémoire.

Pour qu'une idée de substitution puisse fonctionner, elle doit être acceptable, raisonnable et sensée. Sans cela, elle ne restera qu'un vœu pieux et n'aura pas d'effet.

Faites et refaites régulièrement cet exercice pour affirmer vos images de substitution. Pensez à les noter sur une petite liste que vous placerez à un endroit où vous ne manquerez pas de la voir. De cette manière, elles seront toujours à votre disposition le jour où vous en aurez vraiment besoin.

Exercice n° 7 • Identifiez les scénarios stressants !

Il est intéressant d'identifier les principales « épines mentales » qui vous gâchent habituellement la vie.

Faites la liste des idées noires dont vous voudriez vous débarrasser. Prenez votre temps pour élaborer cette liste, vous pouvez la faire en plusieurs fois.

Anciens conflits auxquels je repense sans cesse

Ruminations de vengeance impossible

Besoins irrépressibles ou compulsions diverses

Peurs précises ou irréelles

Chagrins inconsolables

Autres problèmes récurrents

Commentaire

Vous trouverez dans l'exercice suivant une manière de vous débarrasser de ces points noirs.

Exercice n° 8 • La trousse de secours

Imaginons que vous vous traîniez tout au long de la journée en répétant intérieurement que vous êtes fatigué. Si vous avez conscience du phénomène, vous pouvez :

- rester dans ce scénario de fatigue et continuer de l'amplifier à chaque répétition ;
- remplacer cette idée fixe par une idée positive de substitution.

Dans ce cas, au lieu de répéter en soupirant « je suis fatigué », vous pouvez choisir de vous concentrer quelques instants sur une image de vous tonique et plein d'entrain. En agissant de la sorte, vous sentirez rapidement votre corps se redresser, se revivifier et retrouver de l'énergie. Cette technique fonctionne d'autant mieux que vous vous êtes suffisamment entraîné à l'avance et que votre « réserve » d'étiquettes positives est bien remplie.

Reprenez la liste élaborée dans l'exercice précédent et suivez la procédure ci-dessous.

Notez dans le tableau suivant les cinq « épines mentales » qui vous gênent le plus au quotidien. En face de chacune de ces menaces, inscrivez l'idée ou l'étiquette la plus appropriée que vous pourrez lui substituer la prochaine fois qu'elle tentera de vous envahir l'esprit.

Prenez votre temps pour faire cet exercice. Vous ne le regretterez pas lorsque vous aurez besoin de vous en servir.

Pensée négative	Pensée constructive et agréable

Commentaire

L'étiquette en elle-même n'est rien. Il s'agit juste d'une description rapide de ce qui se trouve à l'intérieur de l'idée positive qu'elle résume (voir l'exercice ***n° 6****). Évoquer l'étiquette sans prendre le temps de ressentir ce qu'elle évoque, c'est comme regarder une boîte sans jamais l'ouvrir.*

L'étiquette sert à choisir la pensée de substitution que vous souhaitez utiliser. Ensuite, vous devez « rentrer » à l'intérieur et vous concentrez dessus le temps nécessaire pour bien goûter ce qu'elle contient. La pensée de substitution n'est pas une baguette magique. C'est un processus à mettre en route, qui sera d'autant plus efficace et rapide que vous aurez pris l'habitude de l'exécuter correctement et de manière régulière.

La seule difficulté avec ce genre de remède, c'est de penser à l'utiliser !

Exercice n° 9 • Volonté : 0 Imagination : 1

Remémorez-vous une situation dans laquelle vous avez été sujet à la timidité, à l'anxiété ou à la peur, puis répondez honnêtement aux questions suivantes.

1. Avez-vous essayé de vous raisonner ou avez-vous capitulé devant la difficulté en pensant que, de toute façon, la volonté ne changeait rien au problème dans ce genre de situation ?

2. Si vous avez essayé de vous raisonner, que vous êtes-vous dit ?

Il suffit de vouloir, car vouloir c'est pouvoir.

_ _

_ _

_ _

_ _

3. Quelle conséquence ces petites phrases ont-elles eue sur votre stress ? Cochez la réponse la plus proche de la réalité.

- ☐ Vous vous êtes évanoui.
- ☐ Votre stress s'est envolé comme par magie.
- ☐ Les manifestations physiques du stress se sont accentuées.
- ☐ Cela n'a rien changé.
- ☐ Les manifestations physiques du stress ont diminué.

Commentaire

Si votre stress s'est envolé grâce à vos pensées « raisonnables », bravo ! Vous êtes très fort de caractère.

En revanche, si cela n'a rien changé – ce qui est le plus probable –, c'est la preuve évidente que la volonté est bien peu de chose lorsqu'elle s'oppose à l'imagination incontrôlée. L'imagination peut être la meilleure mais aussi la pire des choses. Si vous la laissez vagabonder sans contrôle, elle devient rapidement la « folle du logis » qui vous conduira où bon lui semble. Avec les exercices suivants, vous allez découvrir comment canaliser votre imagination pour l'utiliser utilement.

Exercice n° 10 • L'impossible changement

Voici un exercice qui sera particulièrement utile pour ceux qui n'arrivent pas à suivre un régime ou à arrêter de fumer[3]. Il peut être tout aussi valable pour les personnes anxieuses ou victimes de phobies.

Répondez franchement aux questions suivantes.

1. Définissez votre problème.

Je n'arrive pas à tenir un régime.

2. Qu'avez-vous tendance à vous dire dès que le problème se manifeste ?

Ça y est, ça recommence, je vais encore craquer…

3. Voir également l'exercice **n°** 32.

3. Vous dites-vous que vous ne pouvez pas réussir ? Si oui, en quels termes ?

Je n'y arriverai jamais ; quoi qu'il arrive je ne peux pas résister ; c'est toujours pareil...

----

4. Pensez-vous réellement que la situation peut changer ?

----

5. Comment justifiez-vous le fait qu'elle ne puisse pas changer ?

----

6. En relisant vos réponses précédentes, êtes-vous surpris de ne pas avoir réussi à changer ?

Commentaire

Si vous avez répondu « Oui » à la question 4, bravo ! Vous êtes sur la bonne voie pour régler votre problème.

Si vous avez répondu « Non » à la question 4, vous avez probablement trouvé des moyens de justifier votre réponse. Ne soyez pas surpris de ne pas avoir réussi à changer, car le discours intérieur que vous vous tenez – certainement celui décrit à la question 3 – est un frein puissant qui joue contre vous et contre votre désir de changement.

Exercice n° 11 • La « technique à Émile[4] »

Parmi les propositions suivantes, choisissez la réponse qui vous paraît la plus efficace dans la situation donnée.

Votre moral est au plus bas, vous ne savez plus comment vous en sortir. Que faites-vous ?

a) J'affirme haut et fort : « Je vais bien, tout va bien. »

b) Je pense sans conviction : « Je vais m'en sortir. »

c) Je continue à ruminer le problème ou à chercher une issue possible.

d) Je me répète sans cesse que je n'y arriverai jamais.

e) Je me dis : « À partir de maintenant, et contre toute vraisemblance, j'affirme que tous les jours et à tous points de vue, je vais de mieux en mieux. »

4. Voir, pour plus de détails, le chapitre 15 du même nom dans *Les Émotions, tout simplement* du même auteur.

Commentaire

a) *Si vous avez mal, si vous êtes paralysé par la peur ou si vous tremblez d'angoisse, il ne sert absolument à rien d'affirmer le contraire de ce que vous ressentez physiquement ! C'est un effort absolument improductif.*

b) *Penser « je vais m'en sortir » ne peut fonctionner que si vous vous êtes préparé à envisager la réalité et la validité de cette hypothèse. Sans ce préalable, il n'y a rien à attendre de ce genre d'affirmation.*

c) *La rumination ou la fuite n'ont généralement pour seule conséquence que de vous enfoncer un peu plus profondément dans les sables mouvants de vos angoisses.*

d) *Le fait de répéter la même pensée négative ne fait que renforcer chaque fois votre conviction de ne jamais pouvoir y arriver.*

e) *Répéter dix fois le matin et dix fois le soir (et autant de fois que vous le voulez dans la journée) « À partir de maintenant, et contre toute vraisemblance, j'affirme que tous les jours et à tous points de vue, je vais de mieux en mieux[5] » correspond à ce que l'on appelle la « technique à Émile ». Examinez attentivement cette phrase et vous verrez qu'elle ne s'oppose absolument en rien à ce que vous vivez sur le moment. En faisant cette déclaration, vous affirmez que les choses ne peuvent être pires que maintenant et qu'elles vont commencer à s'arranger. Bien sûr, vous ne savez pas encore comment cela va se passer, ni même si cela va vraiment arriver, mais vous faites le pari que les choses pourraient dorénavant aller de mieux en mieux. Que risquez-vous en agissant de la sorte ? Au pire, il ne se passera rien, et au mieux, vous gagnerez votre pari !*

5. La véritable phrase qu'Émile Coué préconisait de répéter est : « Tous les jours et à tous points de vue, je vais de mieux en mieux. » Nous avons aménagé cette formule pour qu'elle soit plus accessible à ceux qui débutent avec cette manière de penser.

Exercice n° 12 • Arrêtez de broyer du noir !

Sans parler des dépressions, des phobies ou des angoisses invalidantes qui demandent une réelle aide extérieure, il vous arrive de traverser des périodes durant lesquelles vous ruminez sans cesse le même problème, la même difficulté, la même émotion ou les mêmes idées noires. Cet exercice peut vous aider à sortir de cette prison-là.

Parmi les propositions suivantes, cochez celles qui vous concernent, puis reportez-vous aux réponses correspondantes.

Quand j'ai un problème,

1. je ne peux pas penser à autre chose. ☐
2. je ne mets absolument pas en doute la réalité de ce que je pense. Ce que je vis me paraît on ne peut plus réel. ☐
3. je n'imagine pas que ma souffrance puisse avoir une fin. ☐
4. je me rejoue sans cesse le même scénario qui me fait revivre les mêmes souffrances. ☐
5. je cherche des preuves de la légitimité de ma souffrance. ☐
6. je ne tiens pas compte de ce qui pourrait alléger mon fardeau. ☐
7. je ne pense qu'à des choses pouvant encore alourdir ma souffrance. ☐
8. plus je cherche des solutions, moins j'en trouve. ☐
9. plus rien d'important n'existe autour de moi. ☐

Analyse des réponses et commentaire

Comptez le nombre de cases que vous avez cochées.

Si vous avez coché de 0 à 2 cases, *votre tendance à broyer du noir n'est pas dramatique. Les exercices suivants vous seront quand même utiles.*

Si vous avez coché de 3 à 5 cases, *vous avez tendance à tourner en rond dans vos problèmes. Lisez attentivement les réponses qui vous concernent et mettez-les en pratique.*

Si vous avez coché plus de 5 cases, *étudiez attentivement toutes les réponses ci-dessous et faites scrupuleusement ce qui vous est demandé.*

1. *Essayer d'arrêter de penser à un problème est quasiment impossible si vous ne fournissez pas à votre mental quelque chose à la place. Néanmoins, découvrir comment une idée vous piège suffit à vous en sortir. Vous pouvez aussi vous dire : « C'est moi qui décide et maintenant je dis stop, assez, ça suffit ! »*

2. *Pour remettre une idée fixe en question, faites l'exercice* **n° 13.**

3. *Quand vous souffrez, vous êtes tellement dans l'émotion que vous ne pensez pas à vous dire que rien n'est éternel. Pourtant, la peur, l'angoisse, la colère, la panique ou n'importe quelle autre émotion qui vous agite maintenant va obligatoirement prendre fin à un moment ou à un autre. Pour sortir de cette spirale infernale, respirez de plus en plus calmement et concentrez-vous sur ce changement qui est aussi certain que le jour succède à la nuit. Cela suffit généralement à désamorcer le piège dans lequel l'idée noire vous tenait enfermé.*

4. *Au cinéma, pourquoi êtes-vous agacé lorsque quelqu'un déplie précautionneusement un papier de bonbon à côté de vous ? La réponse est simple. Dès que votre attention est attirée par le bruit du froissement, c'est le signe que vous n'êtes plus attentif à ce que vous étiez en train de regarder. Vous trouvez ce bruit désagréable parce qu'il vous fait « sortir » du film. Pour vos ruminations, le mécanisme est le même ! Le simple fait de réaliser que vous êtes en train de regarder un film que vous avez déjà vu des milliers de fois va vous permettre de vous extraire de la fascination dans laquelle vous étiez piégé. À vous ensuite d'utiliser ce répit pour sortir de la salle et faire en sorte que ce soit la « dernière séance » !*

__5.__ En cherchant des preuves de la réalité de votre souffrance, vous ne faites que lui donner davantage de puissance. Plus vous analysez les origines ou les circonstances de votre mal-être, plus vous vous persuadez qu'il ne pouvait en être autrement. Si vous êtes dans cette situation, prenez conscience que cette recherche est comparable à de la propagande ou du lavage de cerveau. Vous serez alors en mesure de mettre en doute vos idées noires et de ne plus subir leur emprise.

__6.__ C'est un trait commun aux personnes en train de ruminer de sombres pensées que de repousser tout ce qui pourrait les aider à en sortir. Quels que soient les conseils qu'on leur donne, elles les refusent. La rumination d'idées noires est une « délectation morbide » ; toutes les pistes d'amélioration sont obstinément écartées car elles auraient pour résultat de la faire disparaître. À vous de choisir qui va gagner : l'idée noire ou vous ?

__7.__ Un petit incident peut progressivement prendre de l'ampleur et donner naissance à la colère, la jalousie ou la panique. Plus vous vous concentrez sur un sujet, plus celui-ci gagne de l'importance. Avant de continuer à ruminer, demandez-vous si le jeu en vaut vraiment la chandelle…

__8.__ La plupart du temps, tourner et retourner un problème pour l'examiner sous toutes les coutures ne fait que lui donner davantage de puissance et de réalité. Le fait de chercher à comprendre pourquoi vous avez ce problème ou pourquoi vous ne parvenez pas à vous en débarrasser a pour unique conséquence de vous enfoncer encore un peu plus la tête sous l'eau.

__9.__ Si plus rien ne semble réel autour de vous, c'est le signe que vous êtes enfermé à double tour dans une idée noire. Une fois que vous en avez pris conscience, il est indispensable de vous détendre en respirant tranquillement par le ventre, ou en poussant un gros soupir pour revenir à une respiration normale. Ensuite, observez ce qui vous entoure : la pièce dans laquelle vous vous trouvez, la pièce d'à côté, l'entrée, les autres appartements, la maison ou l'immeuble, la rue, les autres rues, la ville, etc. En portant votre attention sur autre chose que ce qui vous ronge, vous verrez la souffrance s'atténuer progressivement. Libre à vous ensuite d'y replonger ou pas ! Après tout, c'est vous qui décidez… (voir également l'exercice __n° 25__).

Exercice n° 13 • Idéfix

Choisissez une idée fixe dont vous aimeriez bien vous débarrasser (une de vos pensées négatives « favorites ») et répondez aux questions suivantes.

1. À qui appartient cette idée ?

____

____

2. D'où vient-elle ?

____

____

3. À qui est-elle profitable ?

____

____

4. Jusqu'où peut-elle vous emmener ?

____

____

5 • Êtes-vous vraiment forcé de lui obéir ?

----

6 • En quoi est-elle vraie ?

----

7 • Qu'est-ce qui vous empêche de ne plus penser à cette idée ?

Commentaire

Toutes ces questions ont pour but de vous faire réfléchir sur la validité et la finalité de ces idées fixes. Ce sont autant d'occasions pour vous d'échapper à leurs griffes.

Exercice n° 14 • Coupez !

Lorsque quelque chose vous tracasse ou vous obsède, vous pouvez utiliser des « pensées antidotes » pour couper le lien qui vous lie à vos pensées négatives et ne plus en être victime.

Voici quelques exemples de pensées antidotes. Vous pouvez vous approprier certaines de ces affirmations ou compléter la liste pour la personnaliser.

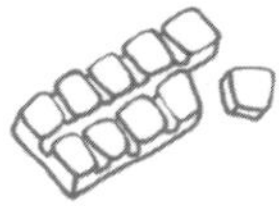

– C'est moi-même, et personne d'autre, qui suis responsable de ce que je pense.

– Le passé n'existe plus, sauf lorsque j'y repense.

– Rien n'est éternel, tout a une fin, même les pires choses.

– Le futur n'est jamais certain.

– Tout peut arriver, le pire, mais aussi le meilleur.

– Je ne suis pas l'émotion qui m'habite en ce moment. C'est un intrus.

– En observant silencieusement n'importe quelle sensation physique, elle finit par s'atténuer ou par disparaître.

Commentaire

Travaillez régulièrement l'une ou l'autre de ces affirmations jusqu'à ce qu'elle devienne une évidence et ne suscite plus aucune arrière-pensée (si cela arrive, considérez ces arrière-pensées comme des sous-produits sans intérêt de ce qui vous fait souffrir, et laissez-les s'évanouir).

Conservez précieusement cette petite liste sur vous et n'hésitez pas à la sortir lors de situations délicates pour vous répéter tel un « mantra » la phrase qui convient. À l'instant où vous prenez conscience qu'un élément de cette liste s'applique réellement à ce que vous êtes en train de vivre, vous coupez le contact avec ce qui vous faisait souffrir et vous vous en libérez.

Exercice n° 15 • Des gribouillages constructifs

Comment arrêter de ruminer ses problèmes et retrouver son calme intérieur ?

Que ce soit au téléphone ou pour vous concentrer, vous avez sûrement tendance à faire comme tout le monde de petits gribouillages instinctifs. Ces dessins sont d'ailleurs révélateurs de votre humeur. À l'inverse, vous pouvez vous servir du graphisme pour modifier un état d'esprit désagréable.

Redessinez ou surlignez plusieurs fois chacune de ces deux spirales et répondez aux questions ci-contre.

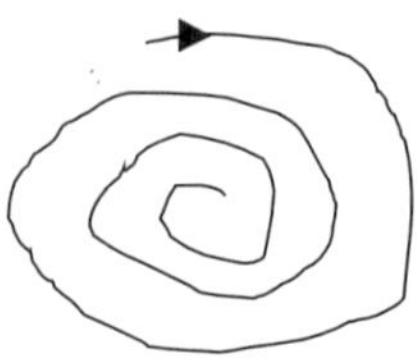

A

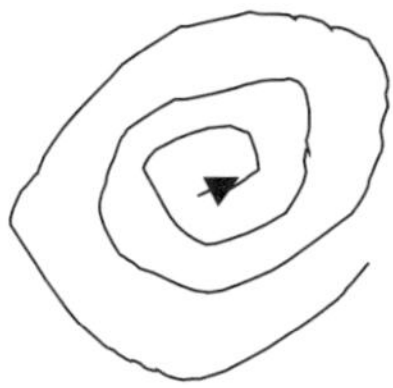

B

1. Quelle spirale stimule le mieux votre concentration ? ☐ A ☐ B

2. Quelle spirale disperse votre concentration ? ☐ A ☐ B

Solution et commentaire

Si vous êtes préoccupé et que l'on vous demande de dessiner une spirale, il y a fort à parier que vous allez la dessiner de l'extérieur vers l'intérieur. La spirale fermée (A) est une forme instinctive qui signe votre concentration sur une idée, un problème ou une préoccupation. Elle renforce votre attention sur ce qui vous occupe l'esprit.

La spirale ouverte (B) disperse ou dissipe l'attention. Il est particulièrement conseillé de la dessiner dès que l'on se surprend à ruminer quelque chose de désagréable et que l'on souhaite éviter de prendre cette direction.

Exercice n° 16 • Encore des gribouillages...

Dans le même esprit que l'exercice précédent, voici quelques formes permettant de dissiper les pensées qui tournent en rond ou d'apaiser les tensions.

Repassez votre stylo sur chacun de ces deux dessins ou redessinez-les plusieurs fois avant de répondre aux questions ci-dessous.

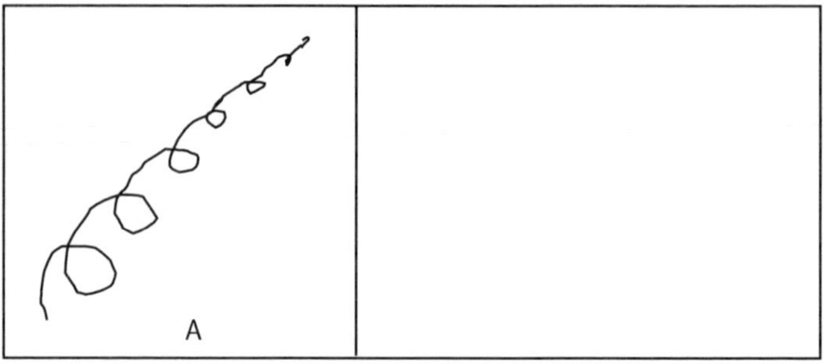

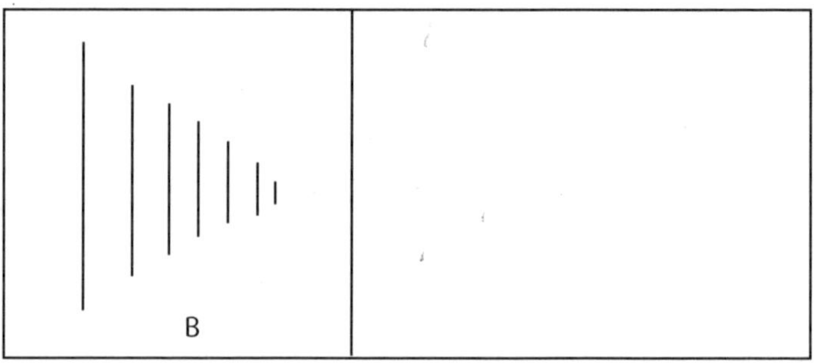

1. D'après vous, quel dessin aide à dissiper les idées qui tournent en rond ?

☐ A ☐ B

2. D'après vous, quel dessin est le plus adapté pour apaiser les tensions ?

☐ A ☐ B

Solution et commentaire

Le dessin A dissipe les pensées qui tournent en rond, alors que le dessin B apaise les tensions.

Lorsque vous êtes envahi par une pensée désagréable, n'essayez pas de la repousser ou de « discuter » avec elle. Soyez simplement conscient de son existence en faisant tranquillement le dessin approprié, autant de fois que vous le désirez. Lorsque vous vous sentirez le plus fort, vous pourrez alors lui dire : « Stop ! »

Lorsque le graphisme est utilisé assez tôt et à bon escient, la détente survient rapidement. À vous de ne pas réalimenter le problème en replongeant un peu plus tard dans la même préoccupation...

Exercice n°17 • Un cerveau au repos

Voici quelques moyens supplémentaires de dissiper les pensées négatives et les émotions qui perturbent inutilement votre esprit.

Respectez les étapes décrites ci-dessous.

1. Commencez par bien identifier le problème qui vous préoccupe.

Je me suis disputé avec Octave.

2. Explorez-le suffisamment pour bien le cerner, sans vous perdre dans les détails et décrivez-le succinctement ci-dessous.

Octave a insinué que j'étais égoïste, je l'ai mal pris et je lui ai dit qu'il n'était un exemple pour personne, il est parti en claquant la porte.

_ _

_ _

_ _

3. Donnez-lui un nom pour le rendre plus maniable.

Dispute avec Octave.

_ _

_ _

_ _

4. Pour terminer, utilisez l'un ou l'autre des moyens suivants pour le faire disparaître :

- Imaginez que vous l'accrochez à un gros ballon dirigeable et que vous les envoyez au loin. Voyez comment le ballon devient de plus en plus petit jusqu'à ne plus être qu'un point, qui lui aussi finit par disparaître.

- Imaginez que vous le jetez dans une poubelle atomique. À peine entre-t-il dedans que vous le voyez se désintégrer dans une lueur bleuâtre.

- Écrivez-le sur une feuille de traitement de texte (ou imaginez que vous le faites). Cliquez ensuite sur la petite croix en haut à droite de l'écran pour tout supprimer.

- Imaginez que vous le mettez dans un ballon de football et donnez-lui un grand coup de pied pour l'expédier à l'infini. Voyez comment ce ballon et son contenu deviennent de plus en plus petits et flous au fur et à mesure qu'ils se perdent au loin.

5. Après avoir fait cela, comment vous sentez-vous à présent ?

Exercice n°18 • Tournez la page !

Nous nous sentons tous coupables d'avoir dit ou fait quelque chose dans notre passé. Cet exercice peut vous aider à vous libérer de ce poids. Il est généralement la source d'un grand soulagement, à condition de le faire avec suffisamment d'humilité et d'honnêteté vis-à-vis de vous-même.

Suivez la consigne ci-dessous en faisant preuve d'une grande franchise.

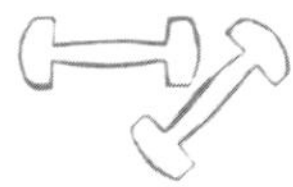

Faites la liste de tout ce dont vous n'êtes pas fier : ce qui vous culpabilise, ce que vous regrettez, ce qui vous rend honteux ou qui vous met mal à l'aise dès que vous y pensez.

Vous pouvez aussi faire ce travail sur une feuille volante que vous pourrez brûler ensuite.

La promesse faite à ma cousine que je n'ai pas tenue ; la farce qui a fait pleurer ma mère…

_ _

_ _

_ _

_ _

_ _

_ _

_ _

_ _

_ _

_ _

_ _

_ _

Commentaire

Cette liste ne va pas se faire en une seule fois. Peut-être aurez-vous des difficultés à vous remémorer certaines choses, mais ce n'est pas grave : vous faites ce travail pour vous-même. C'est un cadeau que vous vous offrez, alors n'hésitez pas à poursuivre votre recherche plusieurs jours s'il le faut.

Cet exercice a pour but de vous libérer de la honte, de la culpabilité et du remords. Lorsque vous faites une liste des courses à faire, vous n'êtes plus obligé de penser à ce que vous devez acheter. Cette liste vous libère l'esprit. C'est la même chose ici !

Exercice n° 19 • Réparez le passé !

Certes, vous ne pouvez changer le passé, ce qui est fait est fait. Toutefois, vous pouvez peut-être encore réparer les torts que vous avez causés car ce sont des germes de mal-être.

En vous appuyant sur les éléments mis en lumière dans l'exercice précédent, suivez les instructions ci-dessous.

1. Dans la colonne de gauche du tableau suivant, faites la liste des personnes auxquelles vous avez causé volontairement ou involontairement du tort. Dans la colonne de droite, notez ce que vous leur avez fait.

Personne	Tort causé
Paul	*Mensonge à propos de ma relation avec Virginie*

Personne	Tort causé

2. Si vous le désirez et si cela vous paraît souhaitable, allez à la rencontre de chacune de ces personnes, et dites-lui ce que vous regrettez de lui avoir fait, ou ce que vous lui avez caché jusqu'alors.

Qu'avez-vous ressenti une fois ces informations délivrées ?

----

3. S'il vous est impossible de rencontrer une personne, écrivez-lui une lettre. Vous n'êtes pas obligé de la lui envoyer. Le fait de l'avoir écrite est déjà en soi une grande source de libération.

J'aurais dû te dire que j'étais amoureux de Virginie et que nous avions eu une relation un an avant. Je sais qu'en te le cachant, je t'ai fait beaucoup de peine par la suite. Aujourd'hui je le regrette et je m'en veux amèrement. À l'époque, c'était ce qui me paraissait le plus simple. Je ne savais pas que je le paierais si cher…

Qu'avez-vous ressenti une fois la lettre écrite ?

---

4. Si une personne est hors de portée (en cas de décès par exemple), vous pouvez aussi lui écrire une lettre, puis la brûler de manière symbolique pour que son contenu puisse s'élever et atteindre son destinataire où qu'il soit.

Qu'avez-vous ressenti une fois la lettre brûlée ?

Exercice n° 20 • Pour solde de tout compte

À force de regretter le passé et d'avoir peur de l'avenir, nous en oublions de vivre le présent.

Faites la liste des regrets qui occupent le plus souvent votre esprit (chagrins, rancunes, nostalgies, erreurs, haines, etc.), puis celle des peurs qui vous font redouter le futur.

Vos regrets	Vos peurs

Vos regrets	Vos peurs

Après avoir écrit ces deux listes, relisez-les pour voir s'il est encore utile de réfléchir à leur sujet ou de vous laisser envahir par ce genre de pensées.

Commentaire

Peut-être ce travail vous fait-il peur ? Néanmoins, réalisez-le quand même. Avec du recul, vous découvrirez sûrement que vous vous faites du souci pour bien peu de chose. En observant ainsi vos craintes et vos regrets les plus courants, vous pouvez même vous surprendre à rire ou à sourire. Si cela se produit, c'est bon signe, vous en êtes libéré.

Exercice n° 21 • Attention, terrain miné !

Ignorer la « dangerosité » de certains sujets ou pensées revient à vouloir traverser un terrain miné sans connaître les chemins sécurisés.

Remplissez le tableau suivant en respectant les consignes ci-dessous.

Dans la colonne de gauche, faites la liste des sujets qui ouvrent habituellement la porte à vos angoisses et à vos peurs. Ce sont vos « zones à risque ».

Dans la colonne de droite, énumérez les pensées, les souvenirs ou les activités qui peuvent vous dégager de ces zones à risque. Ce sont vos « zones de sécurité ».

Les zones à risque	Les zones de sécurité
– *Le vendredi soir quand je suis seul*	– *Respirer et se détendre*
– *Qu'est-ce que je vais devenir ?*	– *Rencontrer des amis*
– *Pourquoi suis-je toujours victime ?*	– *Aller au cinéma*
– *La peur d'être malade*	– *Penser à mes dernières vacances*
– *Quand je repense à avant*	– *L'exercice* ***n° 2*** *de ce livre*
–	–
–	–
–	–
–	–
–	–
–	–
–	–
–	–
–	–

Commentaire

Vos peurs, votre stress et vos angoisses ne peuvent se développer que si vous les alimentez en y pensant fréquemment. N'importe quelle pensée ne peut grandir et produire un résultat que si vous lui consacrez suffisamment de temps et d'attention.

Cette double liste vous permettra d'être plus vigilant quant aux zones dans lesquelles il vaut mieux ne pas vous risquer à laisser vagabonder votre esprit. De la même manière, vous aurez sous la main des remèdes à utiliser dès que vous vous surprendrez à vous fourvoyer dans l'une de ces zones dangereuses.

Exercice n° 22 • Une carte pour mieux vivre

Vous allez maintenant construire une carte personnalisée regroupant vos zones à risque et vos zones de sécurité.

Suivez les instructions ci-dessous pour dessiner votre carte en vous appuyant sur les zones énumérées dans l'exercice précédent.

1. Choisissez un symbole pour les zones à risque (par exemple ). Dessinez chacune d'entre elles et coloriez-les à votre guise.

2. Choisissez un symbole pour les zones de sécurité (par exemple ) et dessinez-les entre les zones à risque. N'hésitez pas à les colorier pour les rendre plus attrayantes.

3. Reliez enfin les zones à risque aux zones sécurisées correspondantes.

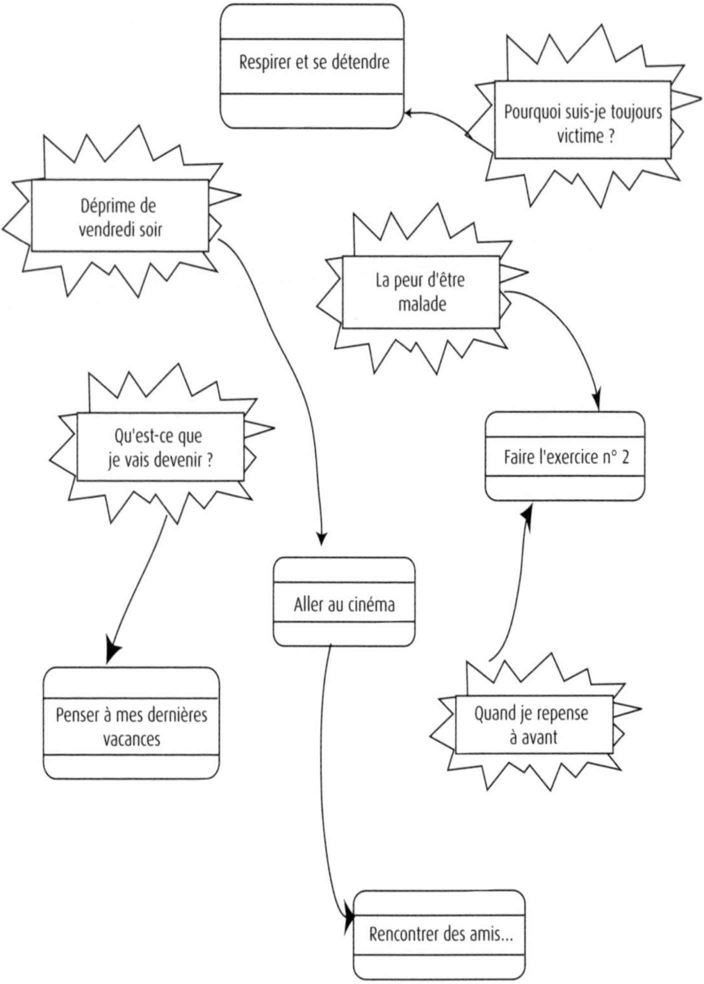
Respirer et se détendre
Pourquoi suis-je toujours victime ?
Déprime de vendredi soir
La peur d'être malade
Qu'est-ce que je vais devenir ?
Faire l'exercice n° 2
Aller au cinéma
Penser à mes dernières vacances
Quand je repense à avant
Rencontrer des amis...

Votre carte :

Commentaire

Cette carte n'est jamais terminée, mais quel que soit son état d'achèvement, elle pourra toujours vous servir de guide pour naviguer sereinement entre les zones à risque.

2

Revenir dans le temps présent

Il était important de vous dégager de vos souffrances et de vous libérer du poids du passé grâce aux exercices précédents. Maintenant que vous avez commencé à tourner la page et à solder vos comptes, vous allez pouvoir ouvrir la porte qui donne sur l'« ici et maintenant ». Tout le monde parle de cette contrée, mais bien peu s'y sont aventurés.

En faisant consciencieusement les exercices qui suivent, vous expérimenterez l'éveil à la réalité du moment présent.

Exercice n° 23 • Éveillez-vous aux perceptions de votre corps !

Voici un premier exercice qui a pour but de vous aider à prendre conscience de vos sensations physiques à chaque instant. C'est aussi un excellent moyen pour sortir de vos préoccupations et pour retrouver le calme intérieur.

Suivez les instructions telles qu'elles vous sont proposées. Cet exercice peut se faire dans n'importe quelle position.

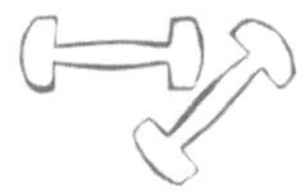

1. Accueillez votre respiration comme elle se présente. Ne cherchez ni à la contrôler ni à la réguler. Respirez simplement tranquillement pendant une minute (10 à 15 respirations).

2. Poussez ensuite un grand soupir comme le fait un enfant après un gros chagrin. Vous évacuerez ainsi les tensions les plus présentes.

3. Soyez attentif au passage de l'air dans vos narines. Selon que vous inspirez ou expirez, est-il toujours à la même température ?

À l'inspiration, je sens que l'air qui entre est :

_ _

À l'expiration, je sens que l'air qui sort est :

_ _

L'air frais et l'air tiède sont-ils ressentis au même endroit dans vos narines ?

_ _

Quelle partie de votre nez ressent l'air frais ?

- -

Quelle partie de votre nez ressent l'air tiède ?

- -

4. Posez une main sur votre ventre de manière à ressentir le va-et-vient de votre respiration. Soyez attentif au rythme auquel il se soulève. L'ampleur de chaque inspiration est-elle toujours la même ?

5. Maintenant, prenez conscience du contact de votre main sur votre ventre. Soyez attentif à la matière que vous touchez. Puis faites cheminer votre attention de votre main à votre poignet, remontez le long du bras, ressentez votre coude, le bras et enfin l'épaule. Ressentez alors le poids de tout ce bras qui se détend progressivement.

6. Revenez sur votre respiration naturelle pendant trois ou quatre cycles, puis « mettez votre conscience » dans l'autre bras. Laissez-le se détendre au fur et à mesure que votre attention avance vers l'épaule en passant par la main, le poignet, l'avant-bras, le coude et le bras.

7. Maintenant soyez conscient de votre respiration et de ces deux bras lourds et détendus en équilibre de chaque côté de votre corps. Appréciez ces sensations aussi longtemps que vous le désirez.

8. Sentez ensuite votre visage se détendre. Accentuez cette détente en passant en revue le front, les sourcils, les paupières, le nez, la bouche, le menton qui lui aussi se détend et devient plus lourd. Sentez comme votre mâchoire inférieure se détend et agrandit légèrement le volume de votre bouche. Sentez votre langue se détendre et venir se reposer tranquillement dans votre bouche en prenant tout l'espace qui lui convient.

9. Observez la position de votre tête et de votre cou par rapport à vos épaules et au reste de votre torse. Si vous le désirez, vous pouvez modifier l'alignement tête/nuque/colonne vertébrale de manière à vous sentir plus harmonieux, plus droit, plus tonique.

10. Prenez maintenant conscience de vos hanches, puis partez explorer chacun de vos membres inférieurs. Depuis la hanche, descendez vers la cuisse, le genou, le mollet, la cheville et le pied, en terminant par les orteils. Ressentez le poids de chaque jambe complètement relâchée.

11. Lorsque vous avez fini cette exploration, observez et appréciez la manière dont votre corps et votre esprit sont détendus et paisibles.

Exercice n° 24 • Chut ! Écoutez...

Si au cours de cet exercice un son particulier attire votre attention, n'hésitez pas à prendre le temps de le déguster.

Fermez les yeux quelques minutes et soyez attentif à votre environnement sonore. Répondez ensuite aux questions suivantes.

1. Pouvez-vous faire la distinction entre les sons perçus par votre oreille droite et ceux perçus par votre oreille gauche ?

_ _

2. Pouvez-vous évaluer la distance qui vous sépare de chacun de ces sons ?

_ _

3. Certains bruits sont-ils plus proches que d'autres ?

_ _

4. Existe-t-il des sons plus répétitifs que d'autres ?

_ _

5. Ont-ils tous le même rythme ?

_ _

6. Prenez le temps de repérer :

- les sons aigus : _
- les sons graves : _
- les sons brefs : _
- les sons continus : _
- les sons sourds : _
- les sons éclatants : _
- les sons agressifs : _
- les sons apaisants : _

Commentaire

En vous demandant de vous concentrer sur ce que vous entendez habituellement sans faire aucun effort, cet exercice oblige votre mental à se calmer, voire à se taire. Plus vous êtes attentif aux sons qui vous environnent, moins vos pensées auront d'espace pour se développer (nous reviendrons sur ce sujet dans la partie 3).

Exercice n° 25 • Conjuguez la vie au présent !

À force de penser au passé et de le regretter, à force aussi d'imaginer ou de craindre ce qui pourrait vous arriver, vous oubliez d'être attentif à ce qui se passe ici et maintenant autour de vous. Cet exercice va vous aider à sortir du brouillard plus ou moins épais de vos pensées pour vous faire entrer dans le monde de la perception directe.

Où que vous vous trouviez, suivez les instructions ci-dessous.

1. Repérez un objet précis autour de vous. Sans lui donner de nom et surtout sans faire aucun commentaire mental à son sujet, prenez conscience de sa taille, de son apparence, de son aspect.

2. Après quelques secondes de cette observation silencieuse, mettez un terme à cet examen et reconnaissez que vous avez suffisamment observé l'objet. Choisissez une expression ou un mot pour vous signaler la fin de votre observation (le terme choisi n'a aucune importance, il vous permet juste d'être disponible pour l'observation suivante).

Oui, je l'ai bien vu ; OK ; au suivant...

3. Refaites les étapes 1 et 2 avec un nouvel objet.

4. Continuez jusqu'à ce que vous sentiez un changement – même très léger – dans votre perception de votre environnement.

Commentaire

Après un certain temps, variable selon les personnes, il se produit quelque chose qui fait que vous ne voyez plus le monde de la même façon. Ça y est, vous êtes entré dans l'« ici et maintenant » !

Si vous commencez à vous poser des questions, à essayer de comprendre ce qui se passe ou à vous demander comment conserver cet état, vous sortez immédiatement du temps présent car vous êtes en train de regarder vers le passé. On ne peut pas être à la fois dans le présent et dans le passé ou le futur…

Exercice n° 26 • La marche consciente

Cet exercice est intéressant pour arrêter de mentaliser et pour retrouver une certaine unité entre le corps et l'esprit.

Suivez dans l'ordre les étapes indiquées ci-dessous.

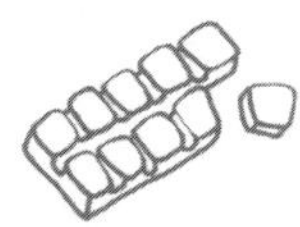

1. Préparation

Dans un espace dégagé, si possible en plein air, mettez-vous debout les jambes légèrement écartées pour avoir les pieds dans l'axe du bassin.

Poussez le ciel avec votre tête et le sol avec vos pieds, afin que votre colonne vertébrale redevienne souple et droite.

Faites un léger mouvement d'avant en arrière pour prendre conscience de votre centre de gravité et avoir un bon équilibre.

Laissez retomber vos épaules et sentez le poids de vos bras qui pendent de chaque côté de votre corps.

2. Déroulement de l'exercice

Maintenant, soyez attentif à ce que vous allez ressentir en faisant quelques pas au ralenti.

Levez un pied, avancez la jambe, basculez le corps en avant, posez le talon sur le sol, puis la plante des pieds et les orteils.

Soyez attentif au changement d'équilibre qui se manifeste lorsque vous changez de jambe d'appui : au niveau du pied, de la cheville, du genou, de la hanche et du tronc.

3. La marche consciente

Tout en restant concentré sur vos sensations, adoptez progressivement une allure normale. Sentez le contact de vos pieds sur le sol, le mouvement de vos jambes, le changement d'équilibre qui s'opère à chaque pas, le balancement de vos bras.

Votre tête est toujours bien droite. Vous ne regardez ni par terre ni en l'air, mais droit devant vous. Prenez conscience de l'altitude à partir de laquelle vous accueillez le monde qui vous entoure.

Soyez conscient des couleurs, des ombres, de la lumière qui entre par vos yeux. Tout en continuant de marcher, soyez attentif aux bruits qui parviennent à vos oreilles. Sentez le vent sur votre visage, la pluie ou toute autre sensation tactile.

Commentaire

En plus de vous ancrer dans le présent, cet exercice peut également vous aider à vous éloigner d'un problème. Il suffit pour cela de se dire : « Chaque pas que je fais consciemment m'éloigne un peu plus de… » Pour vous préparer à affronter une situation difficile, vous pouvez penser : « Chaque pas conscient que je fais me prépare à mieux faire face à… »

Exercice n° 27 • L'action consciente

La plupart du temps, nous agissons de manière mécanique, sans être réellement conscient de ce que nous faisons. Avec cet exercice, vous allez développer votre capacité à agir de plus en plus consciemment. Ce n'est pas la difficulté de l'acte qui compte, mais votre capacité à rester concentré sur ce que vous faites sans vous mettre à « bavarder » avec vous-même.

Suivez attentivement les consignes ci-dessous.

1. Choisissez un acte de votre vie quotidienne.

Rempoter une plante d'intérieur.

2. Commencez par réunir tranquillement ce dont vous avez besoin pour réaliser l'acte choisi. Prenez conscience du poids des objets que vous saisissez, de leur matière, de leur température, de leur odeur.

Le sac de terre est lourd et compact ; l'arrosoir est froid dans sa robe de métal ; le pot est luisant et sent le plastique neuf.

3. Effectuez ensuite l'acte choisi en ayant conscience de chaque étape et en étant attentif à toutes les sensations qu'il vous procure. Vos sens doivent être en éveil…

Le sac est dur à ouvrir ; la terre glisse dans mes mains ; la pièce sent maintenant le jardin après la pluie…

4. Lorsque vous êtes bien attentif aux sensations de votre corps, avez-vous du mal à être silencieux ?

----

5. Avez-vous pris plus de plaisir à effectuer cet acte de manière consciente ? Qu'est-ce que cela a changé par rapport à d'habitude ?

Commentaire

Plus vous êtes attentif à ce que vous ressentez, moins il y a de place dans votre esprit pour faire des commentaires. Vous pouvez faire cet exercice juste sur la respiration. En étant véritablement conscient de ce qui se passe en vous lorsque vous respirez, vous devenez rapidement silencieux, calme et détendu.

Si vous sentez qu'un bavardage, un commentaire ou un jugement essaie de se frayer un accès à votre conscience, laissez-le passer en vous concentrant davantage sur vos sensations du moment.

Exercice n° 28 • Un cinéma permanent

Lorsque vous vous surprenez à rêver les yeux ouverts, faites attention au scénario. Vous constaterez probablement que vous regardez toujours le même genre de film dont vous êtes le héros.

La prochaine fois que vous rêvez éveillé, observez comment vous vous mettez en scène en tant que personnage principal de votre film et répondez aux questions suivantes.

1. Quelles satisfactions retirez-vous de votre film intérieur ?

2. Cette rêverie vous est-elle utile à long terme ?

3. À quoi cela vous sert-il de repasser toujours ce même film ?

4. Avez-vous envie de sortir de ce cinéma ?

5. Si oui, décidez de quitter la salle de projection et revenez dans le présent !

Commentaire

Ce petit questionnement n'a d'autre but que de vous aider à sortir de ce cinéma permanent, de cette bulle hors du présent pour revenir ici et maintenant, dans le monde de la perception directe. Il n'est pas question de porter un jugement sur la nature du film ou sur le rôle que vous vous attribuez.

Exercice n° 29 • Ancré dans le présent

Choisissez une posture confortable, puis exécutez l'une après l'autre chacune des consignes suivantes.

1. Commencez par prendre conscience de vos mains qui tiennent ce livre, sentez son poids, le contact du papier sur vos doigts...

2. Prenez conscience de vos pieds dans vos chaussures si vous êtes debout ou du contact de vos cuisses et de vos fesses sur le siège si vous êtes assis.

3. Soyez attentif à toutes les sensations qui vous parviennent...

4. Toujours en silence et sans faire de commentaire ou porter de jugement, soyez conscient du poids de vos épaules, de la position de votre dos, de votre bras gauche, puis de votre bras droit, de votre jambe gauche, de votre jambe droite... Ressentez alternativement chaque partie de votre corps, mais pas plus de deux secondes chaque fois : la tête, la nuque, la poitrine, le ventre, les épaules, chaque bras, chaque main, les doigts, chaque cuisse, chaque genou, chaque mollet, chaque pied, les orteils...

5. Recommencez cette revue autant de fois que vous le désirez. L'idéal est de passer d'une partie du corps à une autre sans la nommer ou la qualifier.

6. Sentez la fraîcheur ou la chaleur de l'atmosphère qui vous environne.

7. Soyez attentif au goût que vous avez dans la bouche ainsi qu'aux odeurs que vous pouvez percevoir.

8. Ressentez l'ensemble de votre corps qui vit et palpite. C'est à la fois votre demeure et votre véhicule. Il vous permet de vivre et de vous déplacer dans ce monde.

Commentaire

Être attentif aux sensations de son corps représente un excellent moyen de s'ancrer dans le présent. Beaucoup de gens ne font que vivre dans leur tête. Ils ne sont conscients que de ce qu'ils pensent et de ce qu'ils imaginent. À ce petit jeu, ils vivent rarement dans le moment présent. Ils regrettent leurs fautes, ruminent les outrages qu'on leur a fait subir ou savourent leurs exploits d'autrefois. Ils vivent aussi dans le futur, anticipant des joies à venir, redoutant d'hypothétiques malheurs ou imaginant ce qui pourrait les satisfaire.

Il est bon de se servir du passé pour tirer des leçons et d'imaginer le futur pour anticiper ce qui pourrait arriver, mais à condition que cela ne vous maintienne pas trop longtemps hors du temps présent et du monde de la perception directe.

Exercice n° 30 • Des conseillers imaginaires

Comment réveiller les capacités insoupçonnées qui sommeillent en vous ?

Pour affronter un événement qui vous dépasse ou qui vous semble insoluble, suivez les consignes ci-dessous.

1. Décrivez brièvement la situation.

---

2. Pour faire face à cette difficulté apparemment insurmontable, cherchez la personne qui serait parfaitement qualifiée pour régler le problème. Il peut s'agir de quelqu'un que vous connaissez, mais aussi d'un métier ou d'une catégorie d'individus (un avocat, une infirmière, quelqu'un d'intelligent, etc.).

---

3. Quels conseils cette personne vous donnerait-elle ?

---

4. Pouvez-vous les appliquer ? Si oui, faites-le. Que s'est-il passé ?

Commentaire

Très souvent, vous n'arrivez pas à faire quelque chose parce que vous pensez être incapable de le faire. Ces idées négatives sont autant de limitations inconscientes qui vous font croire à votre incapacité. En vous mettant dans la peau de quelqu'un de compétent, ou en imaginant ce qu'une personne qualifiée pourrait dire ou faire à votre place, vous ouvrez votre esprit à des solutions que vous n'auriez pas imaginées en temps ordinaire.

Cette manière de faire est un excellent moyen de récupérer des compétences jusqu'alors étouffées par des croyances négatives ou invalidantes.

Exercice n° 31 • La corde et le serpent

Imaginez-vous dans la situation suivante et répondez le plus honnêtement possible à la question posée.

Vous êtes dans un pays chaud. Un soir, vous entrez dans une chambre obscure et voyez au milieu de la pièce un serpent tranquillement lové sur le sol. Que faites-vous ?

a) Je hurle.

b) Je me sauve à toutes jambes.

c) Je suis paralysé de terreur.

d) Je reste immobile puis j'allume doucement la lumière.

Commentaire

Bien évidemment, hurler, se sauver ou être paralysé de terreur ne change rien au problème. Ce ne sont que des manifestations de peur totalement improductives.

En gardant votre calme et en allumant la lumière (réponse **d***), vous pouvez découvrir que ce que vous preniez pour un serpent est en réalité une corde soigneusement enroulée posée sur le sol…*

Exercice n° 32 • Une nouvelle manière de maigrir (ou d'arrêter de fumer)[6]

Dans la nature, on ne rencontre jamais d'animaux sauvages obèses. Ils suivent en effet leur instinct qui leur permet de savoir comment se nourrir correctement. Ce n'est qu'au contact de l'homme que les animaux perdent cette aptitude et finissent par devenir trop gros.

Si nous avons perdu cette capacité à bien nous nourrir, c'est essentiellement à cause de certaines idées toutes faites que nous avons en mémoire et qui nous guident inconsciemment.

Suivez les instructions ci-dessous pour remplir le tableau.

1. Dans la première colonne du tableau ci-dessous, notez toutes les idées négatives que vous pouvez avoir à propos de la nourriture ou du poids en général.

Croyance négative	Origine	Pensée remède

6. Nous avons pris le régime comme exemple dans cet exercice, mais il peut s'adapter sans aucun problème au désir d'arrêter de fumer. Le mécanisme est le même.

Croyance négative	Origine	Pensée remède

Croyance négative	Origine	Pensée remède

2. Lorsque la première colonne est bien remplie, repérez à quel moment vous avez entendu chaque remarque pour la première fois et/ou qui vous l'a faite. Notez-le dans la deuxième colonne.

Croyances négatives	Origine	Pensée remède
Tout ce qui a bon goût est mauvais pour mon régime.	*Géraldine en 1997*	
On se moque toujours de mon poids.	*De la 6e au lycée*	
« Mange, sinon tu seras malade. »	*Ma mère quand j'étais enfant*	
Il vaut mieux faire envie que pitié.	*Ma grand-mère*	

3. Après avoir pris le temps de bien explorer chaque croyance (conséquences, ramifications...), repérez celles qui ne vous servent plus. D'une manière ou d'une autre, elles vous ont été utiles : même si le résultat escompté n'a jamais été atteint, leur présence a peut-être empêché que la situation n'empire.

> *« Tout ce qui a bon goût est mauvais pour mon régime. » ⇨ Cela m'a été utile pour continuer à suivre un régime... Même si je n'y arrivais pas vraiment.*
>
> *« On se moque toujours de mon poids. » ⇨ C'est difficile à vivre, mais cela m'a certainement aidé à tenter de maigrir.*

4. Rayez-les une par une en les remerciant pour vous avoir accompagné jusqu'à maintenant. Dites-leur que vous n'avez plus besoin d'elles et que vous les abandonnez, car même si elles vous ont apparemment aidé pendant un certain temps, le résultat final n'est pas très concluant. Il vaut donc mieux arrêter la collaboration... Symbolisez la fin de cette étape en écrivant « OK » après chaque croyance rayée.

5. Dans la troisième colonne et en face de chaque assertion négative rayée, écrivez une affirmation qui va à son encontre. Cette « pensée remède » doit être en opposition directe avec la croyance négative. Elle sera aussi courte que possible et chargée de sens.

Croyances négatives	Origine	Pensée remède
~~*Tout ce qui a bon goût est mauvais pour mon régime.*~~ *ok*	*Géraldine en 1997*	*Je retrouve l'instinct de bien me nourrir.*
~~*On se moque toujours de mon poids.*~~ *ok*	*De la 6e au lycée*	*C'est du passé que j'efface de ma mémoire.*
~~*« Mange sinon tu seras malade. »*~~ *ok*	*Ma mère quand j'étais enfant*	*Je peux manger moins sans tomber malade.*
~~*Il vaut mieux faire envie que pitié.*~~ *ok*	*Ma grand-mère*	*Peu importe ce que pensent les autres, c'est moi qui décide !*

6. Lorsque vous avez écrit un nombre suffisant de pensées remèdes, regroupez les éléments les plus importants pour en faire une phrase de soutien que vous relirez en guise d'apéritif avant chaque repas. Ne sautez pas cette étape, c'est un élément vital du processus ! Si vous vous sentez sur le point de craquer, relisez attentivement votre phrase de soutien. C'est un coupe-faim particulièrement efficace.

Je retrouve l'instinct de bien me nourrir. Je contrôle mes envies et je n'ai aucun problème pour manger moins et mieux. Je perds régulièrement et naturellement du poids.

Commentaire

Pensez à avoir toujours sur vous de quoi noter une croyance négative qui vous viendrait à l'esprit. Immédiatement, cherchez l'auteur de cet « implant » et inscrivez la pensée remède (cette dernière se révélera très vite avec un peu de pratique). Lorsqu'une pensée néga-

tive est identifiée et repérée dans le temps, elle perd immédiatement son pouvoir de blocage.

En éliminant tranquillement une à une les croyances négatives, vous levez les obstacles qui bloquaient votre capacité innée à vous nourrir correctement et donc à perdre du poids. Cela ne se fait pas d'un seul coup de baguette magique. Certaines croyances très bien dissimulées ne se révèlent en effet que lorsque les précédentes ont été éliminées.

À la moindre rechute, recherchez la pensée négative qui est à l'œuvre et appliquez-lui le même traitement que précédemment. Éventuellement, modifiez la phrase de soutien pour qu'elle tienne compte de ce que vous venez de découvrir.

Les croyances négatives sont identiques à ces détritus qui, en s'accumulant, finissent par boucher les éviers ou les lavabos. Lorsque les conduits d'évacuation ont été nettoyés, tout s'écoule normalement. C'est pour cette raison que plus on utilise cette technique, plus les bonnes résolutions deviennent faciles à tenir.

Exercice n° 33 • Miroir, mon beau miroir

Le miroir est neutre. Il réfléchit, mais il ne pense pas. En regardant le monde à partir d'un miroir qui ne porte pas de jugement, vous pouvez apprendre énormément sur vous-même et vous améliorer de manière significative.

Utilisez le procédé du miroir pour découvrir celui que vous pourriez devenir. Suivez les instructions ci-dessous.

1. Quelle est la personne que vous appréciez le plus ?

_ _

2. Faites la liste de ce que vous aimez chez elle.

----

3. Quelle est la personne que vous estimez le plus ?

----

4. Faites la liste de ce que vous aimez chez elle.

----

5. Notez ci-dessous le nom d'une personne que vous admirez pour une raison particulière.

----

6. Faites la liste de ce que vous aimez chez elle.

7. Observez chacune des qualités attribuées à ces trois personnes – que vous appréciez, estimez et admirez –, puis voyez de quelle manière cela résonne en vous. Constatez comment ces qualités reflètent quelque chose de ressemblant, d'approchant ou d'équivalent chez vous.

Commentaire

Il y a certainement en vous des qualités qui ne se sont pas encore entièrement épanouies… Ce n'est qu'une affaire de temps, car ce que vous voyez dans le miroir est là pour vous aider ! Servez-vous du reflet qu'il vous renvoie pour découvrir en vous quelque chose qui ressemble de près ou de loin à ce que vous voyez chez l'autre.

Attention à ne pas partir à la recherche de vos défauts ou à attendre la confirmation de vos incapacités supposées. Il ne s'agit pas non plus de vous inventer de fausses capacités…

Exercice n° 34 • Choc en retour

« Les mauvaises et les bonnes intentions sont comme l'argent, il faut déjà en avoir soi-même, avant de pouvoir en prêter aux autres[7]. »

Vous pouvez utiliser la technique du miroir pour vous améliorer en découvrant qui vous êtes vraiment. Suivez les instructions ci-dessous.

1. Pensez à deux personnes que vous n'appréciez pas beaucoup et notez leur nom ci-dessous.

2. Faites la liste de ce que vous n'aimez pas chez elles.

- *Sa manière de se mettre en colère pour un rien.*
- *Elle refuse d'admettre ses erreurs.*

7. La Rochefoucauld.

3. Observez chacun de ces éléments et voyez de quelle manière il résonne en vous. Pourrait-il vous être attribué ? Au contraire, correspond-il à l'inverse de l'un de vos travers ?

– Sa manière de se mettre en colère pour un rien. ⇨ Cela me fait prendre conscience que je suis incapable de me mettre en colère…

– Elle refuse d'admettre ses erreurs. ⇨ Finalement je dois avouer que moi aussi je refuse de reconnaître mes torts…

Commentaire

Vous pouvez savoir gérer les problèmes « extérieurs » ou apprendre à le faire, mais cela ne réglera pas pour autant vos difficultés intérieures.

Le changement ne commence pas lorsque vous essayez de changer. Il débute dès que vous prenez conscience de ce qui ne va pas. Ensuite, vous pouvez accepter de vous transformer ou fermer hypocritement les yeux.

Observer ce qui vous dérange ou ce qui vous déplaît chez les autres est un excellent moyen de dévoiler et de faire disparaître certains des comportements que vous n'arriviez pas à voir jusque-là en vous. Cela vous demandera beaucoup de courage et d'humilité, car il n'est pas toujours facile ni agréable de reconnaître que l'on n'est pas aussi bien que ce que l'on voudrait paraître.

Exercice n° 35 • De bon matin

Voici un exercice à réaliser le matin pour bien démarrer la journée.

Tous les matins, mais aussi quand vous en ressentez le besoin dans la journée, exécutez les instructions suivantes.

1. Mettez-vous en face d'une fenêtre. Tenez-vous debout, bien droit et souple sur vos jambes. Vos pieds sont légèrement écartés, de manière à ce que vous vous sentiez bien en équilibre.

2. Respirez normalement une dizaine de fois en n'ayant d'autre idée que celle de vous sentir exister ici et maintenant.

3. Pendant cette dizaine de respirations, soyez silencieusement attentif à ce que vous voyez, à ce que vous entendez et à ce que vous ressentez.

Commentaire

Au début, vous pouvez compter tranquillement vos respirations. Cela vous aidera à ne pas glisser dans une pensée et à rester attentif à ce qui se passe en vous et autour de vous.

Cet exercice est on ne peut plus simple. C'est en le faisant et en le refaisant qu'on découvre sa grande valeur. La seule difficulté, c'est de penser à le faire régulièrement !

Exercice n° 36 · N'ayez plus peur de vos peurs !

Maintenant que vous avez repris pied dans le temps présent, que vous vous sentez plus fort, il est temps de regarder en face ce qui vous faisait trembler.

Commencez par respirer plusieurs fois profondément pour faire le calme en vous, puis répondez aux questions suivantes.

1. Choisissez un problème relativement léger dont vous aimeriez vous débarrasser et faites-en la description.

J'ai peur de dormir dans le noir.

_ _

2. Par rapport à ce problème, que craignez-vous vraiment ?

Si je me réveille dans le noir, je ne saurai pas où je suis et je paniquerai.

_ _

3. Quelles pensées ou quels arguments vous viennent alors à l'esprit ?

D'un côté je pense que c'est idiot d'avoir peur comme ça et de l'autre je me dis que je ne peux rien y faire car c'est plus fort que moi.

_ _

_ _

4. Ces pensées s'enchaînent-elles de manière particulière ? Si oui, décrivez cet enchaînement et son aboutissement.

Je ne sais pas d'où vient cette peur. Je n'ai aucun contrôle sur elle. C'est comme une entité extérieure. Quand je commence à penser à ce problème, cela me met en colère, puis rapidement je suis très triste et j'ai envie de pleurer. Je me dis que je n'arriverai jamais à le surmonter...

_ _

_ _

5. Définissez ou donnez un nom aux émotions qui vous agitent dans ces moments-là.

Affolement, panique, sentiment de solitude infini...

_ _

6. Décrivez précisément les sensations physiques que vous ressentez en pensant à ce problème.

Je sens mon estomac qui se crispe ; je ressens une curieuse sensation sur les bras ; je suis en sueur...

_ _

_ _

7. Lorsque vous êtes en proie à ce problème, comment se fait le lien entre votre corps et vos pensées ?

C'est un cercle vicieux, plus j'observe mes sensations, plus je panique, et plus je panique, plus j'angoisse et plus l'intensité des sensations augmente.

_ _

_ _

8. Dans ces moments-là, quelle serait alors la pire chose qui pourrait vous arriver ?

Je pourrais m'écrouler en pleurant et en hurlant comme un enfant.

_ _

_ _

9. Quelle serait la pire chose qui pourrait vous arriver si la pire chose précédente se réalisait ?

Quelqu'un pourrait me trouver dans cette posture ridicule.

_ _

_ _

10. Quelle serait la pire chose qui pourrait se produire à la suite des précédentes ?

Cette personne pourrait en parler autour d'elle et tout le monde saurait que j'ai peur du noir...

_ _

_ _

11. Quelle serait la pire chose qui pourrait se produire à la suite des précédentes ?

Il n'y a rien de pire...

_ _

_ _

12. Acceptez de regarder en face cette « pire des choses » et observez tranquillement ce qui se passe jusqu'à ce que la peur se dissipe et que son évocation ne vous touche plus en aucune manière. Au cours de l'exercice, pensez à vous détendre régulièrement en respirant tranquillement par le ventre. Notez ensuite ce qui vous vient éventuellement à l'esprit.

Je prends brusquement conscience que c'est moi qui crée cette peur. Elle ne vient de nulle part. En fait je me faisais peur tout en refusant de voir que c'est moi qui tirais les ficelles. C'est idiot ! C'est comme si j'avais « décidé » un jour d'avoir peur du noir, puis que j'avais complètement oublié que c'est moi qui avais décidé cela sans raison, pour ne plus voir que cette peur et rien d'autre.

_ _

_ _

_ _

_ _

Commentaire

Cet exercice n'est pas des plus faciles à réaliser. Aller volontairement à la rencontre de ses peurs exige un peu d'expérience dans ce domaine et surtout beaucoup de courage.

*Lorsque vous conservez quelque chose, c'est parce que vous pensez que cette chose est bonne ou utile, sinon vous la jetteriez. Les peurs et les angoisses suivent la même règle. Elles ne pourront pas disparaître tant que vous penserez – inconsciemment – qu'elles vous sont utiles ou qu'elles vous protègent d'une manière ou d'une autre (voir exercice **n° 32**).*

Dans ce combat que vous leur livrez, les pensées négatives vont jouer de plus en plus fortement leur rôle et remplir la mission que vous leur avez inconsciemment donnée : elles vont fabriquer toujours plus d'émotion négative pour vous faire abandonner le projet de les faire disparaître. Heureusement pour vous, l'observation, le calme et la détente finissent toujours par triompher. Après tout, c'est vous et personne d'autre qui avez fixé les règles du jeu (ne serait-ce qu'en les acceptant). C'est pour ces raisons qu'il est recommandé de commencer par des peurs relativement légères, avant de s'attaquer éventuellement au noyau dur de vos angoisses.

Exercice n° 37 • L'apprenti comédien

Lorsque vous vous sentez déprimé ou accablé, votre corps vous trahit la plupart du temps : vous êtes avachi, vous vous déplacez lentement et vous marchez mécaniquement en regardant par terre. Votre regard est vague et se perd dans le lointain...

Pour comprendre comment le physique influence le moral, suivez les instructions ci-dessous.

1. Imaginez ou pensez à quelqu'un de déprimé ou de timide et faites en sorte de mimer cet état avec votre corps. Décrivez les changements que vous ressentez physiquement.

Je baisse la tête, je regarde le sol, mon dos se voûte, mon ventre ressort...

2. Laissez-vous « glisser » quelques instants dans cette attitude, puis décrivez en quelques mots la manière dont vous avez senti votre tonus changer au fur et à mesure que vous rentriez dans votre personnage.

Commentaire

Il est évident que votre moral influence votre corps et modifie votre attitude physique. Ainsi, on voit souvent au premier coup d'œil si quelqu'un est en forme ou s'il est préoccupé.

À l'inverse, votre corps exerce une grande influence sur votre psychisme et sur votre moral (pas seulement lorsque vous avez la migraine, la grippe ou une rage de dents). En modifiant votre attitude physique, vous modifiez donc votre manière d'être.

Exercice n° 38 • « Juste quelqu'un de bien »

Cet exercice a pour but de vous faire devenir - en imagination - celui ou celle que vous voudriez être.

Suivez les instructions ci-dessous et acceptez de jouer le jeu.

1. Quelle est d'après vous l'expression qui caractériserait le mieux ce que voudriez être ?

Quelqu'un de tranquille et d'assuré.

2. Pensez à la personne, à la catégorie sociale, à la profession ou au personnage qui caractériserait le mieux ce que vous aimeriez être et notez-le.

Mon prof de judo ; mon amie Claudine...

3. Endossez le personnage que vous aimeriez être, et laissez-vous imprégner par cette idée. Cet exercice est un jeu, ne le compliquez pas en vous posant des questions. Faites simplement ce qui vous est demandé et ressentez comment votre attitude se modifie au fur et à mesure que vous entrez dans la peau d'un autre. Décrivez ces transformations physiques.

Je sens que mon dos se redresse, que mes épaules se détendent ; la position de ma tête se modifie, mon cou s'étire et mon menton rentre légèrement. Je me sens détendu et plus sûr de moi. Je regarde différemment les choses et les gens qui m'entourent, je sens un sourire naître sur mes lèvres.

4. Prenez bien le temps de vous laisser imprégner par toutes ces sensations, puis attribuez-leur un nom qui résumera l'ensemble.

« Prof de judo »

5. Qu'est-ce qui pourrait empêcher l'état dans lequel vous êtes de durer dans le temps ?

Commentaire

Étant donné que l'état psychique de quelqu'un influence son attitude, il est évident qu'une nouvelle attitude entretenue régulièrement – même artificiellement créée – produira inévitablement les caractéristiques mentales qui lui sont liées. Bien sûr, et pour les mêmes raisons, celui qui ne croit pas que cela soit possible n'obtiendra aucun résultat. C'est dommage, mais c'est la règle du jeu des croyances : « On ne fait jamais que l'expérience de ce que l'on croit. »

3

Remonter aux sources du bonheur

Un soir d'hiver, un homme plié en deux scrute le sol au pied d'un lampadaire. Un passant s'approche et lui demande :
« Vous avez perdu quelque chose ?
— Oui, je cherche mes clefs et j'en ai absolument besoin pour rentrer chez moi.
— Puis-je vous aider ?
— Oh, ce n'est pas de refus ! Voilà plus d'une heure que je les cherche et je ne trouve vraiment rien...
— Une heure que vous cherchez sans résultat ?! Êtes-vous vraiment certain de les avoir perdues ici sous ce lampadaire ?
— Oh non, je les ai perdues quelque part dans cette rue, mais je ne sais pas où exactement.
— Alors pourquoi les cherchez-vous seulement ici ?
— Mais voyons, c'est évident ! Sous le lampadaire, il y a de la lumière, alors qu'ailleurs, on ne voit rien à cause de l'obscurité... »
Et si le bonheur et la sérénité se trouvaient ailleurs que là où nous avons l'habitude de les chercher ?

Exercice n° 39 • Pourquoi tant attendre des autres ?

Cet exercice est un premier pas vers la source du bonheur.

Avant d'écrire vos réponses, prenez le temps de bien ressentir ce que chaque question évoque en vous.

1. Qu'attendez-vous le plus des autres en général, ou d'une personne en particulier ? Donnez trois de vos attentes.

J'aimerais recevoir un peu plus d'attention et de mots gentils de la part de mon conjoint ; j'aimerais qu'on reconnaisse ce que je fais à sa juste valeur…

2. Que se passerait-il si vous obteniez la première ? la deuxième ? la troisième ? Comment vous sentiriez-vous dans chaque cas ?

Je me sentirais comblé, épanoui, heureux, sûr de moi…

3. Ressentez, dégustez et précisez chacune de ces sensations.

À cette évocation, je ressens une sensation particulièrement agréable au creux de l'estomac ; un délicieux frisson me parcourt le corps, je me sens léger...

Commentaire

Pourquoi vous donnez-vous tant de mal pour tirer un peu de bonheur de quelque chose qui est à ***l'extérieur*** *de vous (l'approbation, la reconnaissance, ou l'amour* ***des autres****), alors que la source du bonheur est une expérience* ***intérieure*** *qu'une simple évocation vous permet de ressentir ?*

Exercice n° 40 • La barque vide

Pour ne plus être victime des autres, imaginez-vous dans les situations suivantes et répondez aux questions posées.

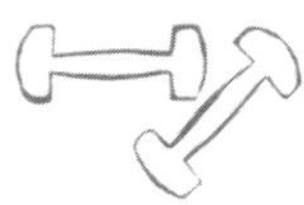

1. Vous êtes seul ou en agréable compagnie dans une barque voguant sur une mer tranquille. Le soleil est agréable, l'air doux et printanier. Soudain, une autre barque vous heurte violemment et fait tanguer votre embarcation. Quelle est votre réaction ? Choisissez-en une ci-dessous ou écrivez celle qui vous convient le mieux.

a) Je pousse un cri de frayeur.

b) Je suis instantanément en colère.

c) Je me dis : « Pourquoi est-ce toujours à moi que cela arrive ? »

d) Je hurle une injure ou une remarque agressive.

e) ____

2. L'histoire ne s'arrête pas là, car en regardant autour de vous, vous découvrez que la barque qui vous a heurté est vide. Il n'y a personne dedans pour la diriger, c'est une barque à la dérive qui est venue cogner votre embarcation. Quelle est alors votre réaction ?

a) Je cherche le propriétaire de cette barque qui dérive.

b) Je me sens penaud.

c) Je ris de la situation.

Commentaire

Vous ne serez probablement pas en colère contre un bateau vide, mais vous risquez de devenir enragé s'il y a quelqu'un dedans.

Arrêtons-nous sur la deuxième question. Qu'avez-vous répondu ?

La réponse ***a*** *marque le fait que vous en êtes toujours à rendre les autres responsables de ce qui vous arrive, en bien comme en mal.*

La réponse ***b*** *montre que vous commencez à comprendre que vous pouvez vous remettre en question.*

La réponse ***c*** *est la preuve que vous savez que bien-être ou mal-être dépendent plus de vous-même que des autres. Observer ce qui se passe sans porter continuellement des jugements, sans avoir un avis sur tout, est une base essentielle à cette nouvelle manière d'être.*

Exercice n° 41 • Ne soyez plus victime !

Si les gens vous agressent, vous négligent ou vous traitent sans ménagement, vous pouvez vous sentir visé. Mais vous pouvez aussi voir que la barque qui vous a heurté est vide (voir l'exercice précédent) et qu'il n'y avait personne dedans pour la diriger consciemment contre vous.

Faites la liste des personnes que vous redoutez ou que vous craignez, et imaginez contre quels démons intérieurs elles sont – inconsciemment – en train de se battre.

Paul m'agresse durement ____________________

parce qu' *en réalité, il se sent trop faible pour me parler normalement* __

Christophe veut toujours commander ____________________

parce qu' *il ne supporte pas de se sentir dominé.* ______________

Jeanne me parle toujours de maladie et de mort, non pas pour _____

me faire peur, mais ____________________

parce qu' *elle-même est terrifiée par ces sujets* ______________

Louis écrase les autres ____________________

parce qu' *il essaie de se persuader qu'il n'est pas un petit garçon.* _____

____

parce que ____________________________________

____

parce que ____________________________________

____

parce que _________________________________

____

parce que _________________________________

____

parce que _________________________________

____

parce que _________________________________

____

parce que _________________________________

Commentaire

Si vous vous sentez victime, votre comportement invite les autres à vous agresser. C'est un peu comme si vous leur disiez : « Allez-y ! » En comprenant que votre « agresseur » ne vous vise pas personnellement, mais qu'il essaie à sa façon de régler ses propres problèmes, vous ne le voyez plus de la même manière. Vous comprenez qu'il essaie de paraître extérieurement l'inverse de ce qu'il pense être intérieurement.

À partir du moment où vous ne vous sentez plus visé, votre attitude générale est différente, et ceux qui vous malmenaient vont tout de suite le sentir. Le plus souvent, ils chercheront une autre victime. Surtout, ne leur dites jamais ce que vous avez imaginé à leur sujet ! C'est votre arme secrète, et ce serait une grave erreur que de leur en parler, car ils auraient alors de vraies raisons de vous en vouloir… surtout si vous avez vu juste.

Exercice n° 42 • Respirez le monde !

Cet exercice peut se faire dans n'importe quelle position, debout, assis ou allongé. Il demande juste de disposer d'un peu de temps devant soi.

1. Commencez par pousser un gros soupir pour évacuer les tensions présentes. Respirez tranquillement pendant quelques minutes, sans chercher à contrôler quoi que ce soit. Prenez conscience de l'air que vous inspirez et expirez. Sentez-le entrer et sortir par vos narines. Peut-être l'air passe-t-il plus facilement par une narine que par une autre ? Sentez l'air frais qui rentre et l'air tiède qui ressort.

2. Prenez conscience de tout le volume d'air dans lequel vous vous trouvez actuellement. Dites-vous que cet air fait partie d'un immense océan qui vous entoure.

3. Étendez votre conscience le plus largement possible, tout d'abord à la pièce où vous êtes, puis à la maison, à la ville, au pays, au continent, aux océans et finalement à la planète entière.

4. Concentrez-vous sur l'idée que vous êtes dans cette fine couche d'atmosphère terrestre que l'on voit sur les photos satellites.

5. Prenez conscience que vous baignez dans cet air, que c'est toute l'atmosphère d'une planète qui entre et sort par vos narines, et profitez de la paix que procure cette expansion de conscience.

Commentaire

Avec un peu de pratique et d'expérience, cet exercice deviendra rapidement un « geste réflexe » pour retrouver calme et paix intérieure. Si vous êtes perdu dans vos soucis, c'est une oasis de sérénité et de maîtrise de soi dans laquelle vous pourrez toujours vous réfugier. Pensez à vous servir de cet exercice pour sortir de vos préoccupations et revenir dans le monde de la perception directe.

Exercice n° 43 • Le loto

Cet exercice demande un peu d'imagination et de candeur. Il convient tout à fait aux personnes ayant des qualités de comédien.

Installez-vous confortablement dans un endroit tranquille où vous êtes certain de ne pas être dérangé et jouez le jeu !

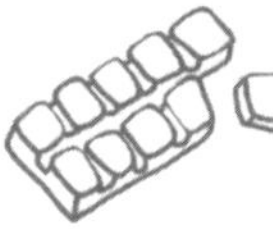

1. Détendez-vous et imaginez que vous venez de gagner cinq millions d'euros au loto. Cela ne devrait pas vous laisser insensible...

2. Imaginez ce que vous allez pouvoir faire avec tout cet argent : arrêter de travailler, partir en vacances, créer votre entreprise, faire des cadeaux, acheter une maison de rêve... Cinq millions d'euros, ce n'est pas rien ! Laissez venir votre joie, votre surprise, votre bonheur. Avec cet argent, tout devient possible. Rentrez bien dans le jeu en vous ouvrant à tous les sentiments, les émotions et les réactions qui viennent à vous. C'est une expérience absolument unique que vous êtes en train de vivre !

3. Qu'avez-vous éprouvé face à cette bonne nouvelle... imaginaire ? Choisissez la proposition qui vous convient le mieux.

a) Je ne sais pas, je n'ai rien ressenti.

b) J'imagine qu'on doit être très heureux.

c) J'ai commencé à ressentir quelque chose, mais je me suis retenu, car je savais que ce n'était pas vrai.

d) J'ai vraiment ressenti des émotions fortes en imaginant cette nouvelle.

Analyse des réponses et commentaire

Étudions vos réponses à la dernière question.

Si vous avez choisi la réponse a, *vous n'avez fait preuve d'aucune imagination. C'est dommage, car vous vous êtes privé d'un moment agréable.*

Si vous avez choisi la réponse b, *sachez qu'imaginer ce que d'autres pourraient ressentir, ce n'est pas ressentir !*

Si vous avez choisi la réponse c, *vous avez bien commencé l'exercice, mais c'est votre rationalité qui a finalement gagné. Pourtant, lorsque vous allez au cinéma, vous savez la mettre de côté pour vous laisser emporter par vos émotions et par vos sentiments. Nous vous invitons à refaire l'exercice. Mais cette fois, faites-le à fond !*

Si vous avez choisi la réponse d, *bravo ! En ayant su lever les verrous de votre rationalité, vous avez découvert que le bonheur n'est pas à l'extérieur de vous, mais qu'il se cache en vous et qu'il est toujours à portée de main.*

Il est très facile d'entrer en contact avec le bonheur. Un peu d'imagination ou un bon film suffisent. Malheureusement, notre « intelligence » nous amène à croire qu'il en est autrement. Nous sommes persuadés que le bonheur se mérite, qu'il ne se gagne pas facilement, qu'il ne se manifeste qu'à travers des éléments extérieurs (les autres, l'argent, l'amour, etc.) et qu'il est très difficile sinon impossible à atteindre ou à conserver.

Le bonheur n'est pas la conséquence d'éléments extérieurs. Ce n'est pas le résultat d'une situation ou d'un contexte : il est faux de penser que nous sommes heureux à cause de quelque chose ou de quelqu'un. À la rigueur, on peut dire qu'un élément extérieur – quelque chose ou quelqu'un – nous donne momentanément accès à ce bonheur fondamental qui habite constamment en nous. Mais en aucun cas il ne le crée.

Exercice n° 44 • Silence…

Nous ne sommes pas habitués au silence. Beaucoup ne peuvent ou ne savent arrêter le vagabondage de leurs pensées ou les émotions qui les agitent. Il arrive même que la peur ou la panique les gagnent à l'idée de rester réellement silencieux. Nous allons voir pourtant que c'est tout à fait réalisable et agréable…

Exécutez chacune des consignes de cet exercice avant de lire la suivante.

1. Fermez les yeux et demeurez silencieux quelques minutes.

2. Pendant les deux prochaines minutes, soyez attentif au vagabondage de votre esprit.

3. Résumez ci-dessous ce que vous avez compris de la phrase suivante : « En prenant conscience de votre agitation intérieure et en observant votre incapacité à vous tenir tranquille, vous démontrez qu'il existe en vous suffisamment d'espace et de silence pour que cette prise de conscience soit possible. »

4. Considérez les pensées comme des nuages, et le silence comme le ciel dans lequel ils se déplacent. Pendant les prochaines minutes, observez vos pensées et le silence. Soyez aussi attentif aux unes qu'à l'autre.

5. Maintenant, fermez les yeux et observez le silence qui sépare vos pensées pendant au moins cinq minutes.

Commentaire

La phrase de la question 3 pourrait être résumée ainsi : « S'il n'y avait pas d'espace entre mes pensées, je ne pourrais pas réfléchir à leur sujet. »

Vos pensées ne peuvent exister sans le silence qui les contient et qui les rend possibles. En vous aidant à ne plus passer automatiquement d'une pensée à la suivante, cet exercice vous permet de découvrir une nouvelle manière d'observer simultanément vos pensées et le silence qui les contient.

L'erreur la plus courante consiste à vouloir attendre quelque chose du silence. Or il n'y a pas de lumière céleste ou d'inspiration particulière à guetter. Tout au plus pourrez-vous observer l'inconfort de votre position ou entendre des bruits extérieurs. Le silence, c'est le silence, un point c'est tout !

Exercice n° 45 • Vers un ciel sans nuage

Voyons maintenant comment ne plus se laisser entraîner par ses pensées.

Fermez les yeux ou laissez-les entrouverts si cela vous convient mieux et suivez les consignes ci-dessous.

1. Faites le calme en vous et observez la prochaine pensée qui se présente à votre esprit. À ce moment-là, vous avez deux possibilités :

- soit vous entamez la conversation avec cette pensée en prenant la route qui vous emmène hors du temps présent ;

- soit vous regardez cette pensée comme un nuage dans le ciel... puis vous continuez à observer ce qui se passe ici et maintenant, comme si vous comptiez les oiseaux qui passent. Dans ce deuxième cas, vous demeurez dans l'« ici et maintenant ».

2. Faites cet exercice pendant quelques minutes sur toutes les pensées qui se présentent. Dès qu'une pensée apparaît, et pour vous aider à rester attentif et silencieux sans entamer le dialogue, vous pouvez vous dire : « Je pense, je pense, je pense... » ou « pensée, pensée, pensée... ». C'est un moyen très simple pour accéder au silence et à la méditation.

Comment vous sentez-vous après cette expérience ?

_ _

_ _

_ _

_ _

_ _

Commentaire

Dès que l'on prend conscience que l'on est en train de penser, les pensées ont tendance à s'arrêter ou à disparaître.

Avec le temps, on peut s'en vouloir de se laisser entraîner dans le flot tourbillonnant de ses pensées. Il n'y a pourtant rien à critiquer ou à regretter. Dès que vous réalisez que vous avez entamé un dialogue intérieur stérile, c'est la preuve même que vous en êtes sorti. Inutile de chercher autre chose, vous avez gagné !

Vouloir comprendre ou se demander comment rester dans cet état, c'est retourner dans ses pensées. Toute insatisfaction, tout manque, toute attente, tout désir est la preuve même que vous êtes sorti de la paix intérieure du temps présent. La réflexion est utile et indispensable pour le quotidien, ne serait-ce que pour exercer son métier. Mais à d'autres moments, elle est absolument inutile et ne fait que compliquer les choses en nous chassant du monde de la perception directe.

Exercice n° 46 • Une présence bienveillante

Ce qui suit demande à être expérimenté, ne cherchez pas à comprendre ou à intellectualiser quoi que ce soit. Cet exercice demande du temps et un certain entraînement (que vous avez déjà réalisé si vous avez effectué consciencieusement les exercices précédents).

Fermez les yeux quelques instants pour vous concentrer sur vos sensations corporelles puis suivez attentivement les consignes ci-dessous.

1. Pendant quelques minutes, prenez conscience de votre respiration, et particulièrement de l'air qui entre et sort par vos narines.

2. Étendez votre conscience de l'air qui vous entoure à toute l'atmosphère de cette planète, et ayez conscience que c'est la totalité de cette atmosphère qui passe par vos narines.

3. Pensez que l'atmosphère que vous respirez est remplie par une présence bienveillante, qui vous est entièrement dévouée, qui ne veut que votre bonheur et qui peut tout faire pour vous aider. À chaque inspiration, vous aspirez en vous cette force et cette réalité. Sur l'expiration, devenez de plus en plus conscient de son existence. Cette présence bienveillante veille sur vous, même lorsque vous ne vous en rendez pas compte. Elle n'attend qu'un signe de vous pour vous faire retrouver le bonheur.

4. Laissez-vous aller dans la douceur de cette présence, ressentez-la de tout votre corps et de toute votre âme.

5. Tout en vous laissant bercer par ce bien-être, observez comment, dans votre corps, vous ressentez cette présence.

Commentaire

Cet exercice n'est pas à usage unique. Il devrait devenir une pratique régulière et quotidienne, car plus on l'utilise, plus on l'approfondit.

Pour une pratique régulière, choisissez un moment de la journée où vous serez certain de pouvoir le faire sans être dérangé. Même si vous n'avez que peu de temps, faites-le quand même tous les jours, régulièrement et à la même heure. Avec l'expérience, vous verrez que vous aurez envie d'y consacrer de plus en plus de temps.

Même en ayant beaucoup d'heures de vol, vous pouvez parfois rencontrer des turbulences qui vous dépassent. Dans ces cas-là, il faut savoir passer les commandes au commandant de bord en acceptant de n'être que le copilote, voire un simple passager. Il faut beaucoup d'humilité pour accepter que cette présence bienveillante prenne les commandes de votre vie. Mais c'est seulement à ce prix qu'elle pourra résoudre – à sa manière – ce qui vous préoccupe ou ce qui vous dépasse.

Exercice n° 47 • Entretenez et cultivez votre bien-être !

Pour préparer cet exercice, reportez-vous à l'exercice **n° 8** afin d'avoir en tête quelques pensées négatives et leurs antidotes correspondants. Vous pouvez les résumer ainsi : doute/confiance ; rejet/amour ; tristesse/paix de l'âme ; peur/harmonie... Suivez ensuite attentivement les consignes ci-dessous.

1. Fermez les yeux quelques instants, puis prenez conscience de vos sensations corporelles.

2. Ensuite, pendant quelques minutes, soyez attentif à votre respiration. Chaque inspiration vous emplit de cette présence bienveillante qui veille sur vous et qui n'attend que votre accord pour vous aider.

3. Choisissez une pensée négative sur laquelle vous souhaitez travailler. Sur chaque expiration, concentrez-vous sur ce que vous avez envie de rejeter : toutes les impuretés, les craintes, les peurs, les haines et tous les sentiments négatifs liés à la pensée choisie.

4. Sur l'inspiration suivante, sentez l'antidote venir prendre sa place.

5. Poursuivez ce travail aussi longtemps que vous le pourrez sans vous laisser distraire, ou jusqu'au moment où vous sentirez que le problème aura été éliminé.

6. À la fin de l'exercice, ne vous sentez-vous pas plus fort, plus rayonnant, plus vivant ?

Commentaire

Ceci est un exercice d'entraînement. Faites-le régulièrement lorsque vous êtes perturbé ou que vous sentez que vous êtes en train de glisser sur une mauvaise pente. Pour obtenir de bons résultats et selon l'intensité du problème à traiter, il faudrait le pratiquer environ une quinzaine de minutes chaque fois.

Exercice n° 48 • L'échiquier de la vie

Certains sont heureux avec rien. On ne compte plus le nombre de reportages à la télévision qui permettent aux nantis que nous sommes de s'extasier – à bon compte – sur la joie de vivre et la solidarité des plus pauvres. En parallèle, d'autres reportages montrent comment des gens riches et célèbres peuvent endurer les pires souffrances et en arriver à se donner la mort.

Lisez chacune des deux listes ci-dessous et complétez-les.

1. Dans la colonne de gauche, faites la liste de tout ce que vous pensez lorsque la vie vous paraît ingrate ou difficile.

2. Dans la colonne de droite, écrivez ce que vous pensez lorsque vous faites confiance à la vie et que vous vous sentez protégé.

Pensées négatives	Pensées positives
– *La vie est dure.*	– *Rien ne m'empêche d'être heureux.*
– *Le monde est cruel.*	– *Je vis dans le bonheur.*
– *C'est chacun pour soi.*	– *Je suis comblé.*
– *Personne ne m'aime.*	– *J'ai tout ce qu'il me faut.*
– *Je me sens seul.*	– *Je suis fait pour être heureux.*
–	–
–	–
–	–
–	–
–	–
–	–

Pensées négatives	Pensées positives
–	–
–	–
–	–
–	–
–	–
–	–
–	–
–	–
–	–
–	–

3. Après avoir rédigé et relu ces listes, décidez dans quel monde vous avez véritablement envie de vivre.

Commentaire

La vie est comme un échiquier, il y a des cases noires et des cases blanches.

Comme tout le monde, vous vivez tantôt sur des cases noires, tantôt – plus rarement – sur des cases blanches. Vous interprétez ce qui vous arrive en fonction de l'endroit à partir duquel vous l'observez :

- *lorsque vous vous trouvez sur une case noire, la vie vous paraît lourde à porter. Vous la jugez hostile, injuste et dangereuse. C'est un long combat dont vous sortez malheureux, triste et perdant ;*
- *positionné sur une case blanche, vous êtes dans le monde de la confiance et de la légèreté. Vous êtes heureux, plein d'espoir.*

Malheureusement, les cases blanches sont très glissantes. Il suffit que les choses ne se passent pas exactement comme vous le désiriez pour que vous vous jetiez plus ou moins rapidement dans la gueule d'une case noire, qui vous aidera à justifier et à renforcer ce qui vous arrive.

Ce n'est pas la vie qui vous rend triste et malheureux, ou confiant et heureux, ce sont les idées et les croyances que vous avez et que vous entretenez à son sujet.

Exercice n° 49 • Le manuel d'Épictète

Le carnet de citations ou le recueil de pensées est un outil indispensable pour vous aider à ne pas perdre de vue l'objectif que vous visez, à savoir la sérénité et le bonheur de vivre.

Commencez par acheter un joli carnet de notes que vous garderez constamment à portée de main. Il doit être suffisamment petit pour être facile à transporter et suffisamment grand pour y noter vos citations favorites.

1. Écrivez très lisiblement dans votre carnet les citations, aphorismes, phrases et autres maximes qui vous ont inspiré ou touché au cours de vos lectures, sans oublier de noter leurs références, de manière à pouvoir éventuellement vous y reporter.

2. Lisez votre carnet de citations le plus souvent possible (au moins une fois par jour). C'est un excellent moyen de rester sur la route que vous souhaitez prendre. Pensez à utiliser les « temps morts » de votre journée (attente, transports, etc.) pour vous replonger dans cette lecture salutaire.

Commentaire

Avec le temps, certaines citations risquent de perdre leur saveur. En les relisant quelques mois après les avoir notées, vous vous demanderez peut-être pourquoi vous vous êtes tellement enthousiasmé pour elles. Il arrive aussi qu'une nouvelle lecture vous fasse découvrir des horizons jusque-là insoupçonnés. Cela prouve simplement que vous avez évolué intellectuellement et psychologiquement et que vos intérêts ne sont plus les mêmes.

Le manuel d'Épictète (50-127) est l'ancêtre des carnets de citations. C'est un petit précis de résistance philosophique intérieure qui concentre tout ce qu'il faut savoir pour faire face aux vicissitudes de la vie. Ce texte extrêmement concret écarte volontairement tout développement théorique. En cinquante-trois paragraphes, il décline les principes essentiels pour mener une existence sereine. Vous trouverez le Manuel d'Épictète *et ses commentaires en livre de poche, ou à l'état brut à l'adresse : http://t.m.p.free.fr/textes/le_manuel.html.*

Exercice n° 50 • La méditation au quotidien

Les pensées sont la source de vos peurs, de vos colères, de vos tristesses et de toutes vos souffrances. Pour éviter de succomber à leurs charmes, il faut être aussi attentif à ces pensées qu'au silence qui les contient. Méditer, c'est observer le mouvement de vos pensées, en demeurant conscient de la relation qui existe entre vos pensées et le silence.

Vous avez pu avoir un aperçu de ce qu'est la méditation grâce aux exercices précédents. Utilisez les indications ci-dessous pour approfondir cette voie.

Dans la journée, soyez le plus attentif possible aux pensées qui vous traversent. Observez, sans rien faire d'autre, les moments où vous vous surprenez à (vous) juger, à (vous) condamner ou à (vous) approuver.

Voyez tout cela comme autant de nuages dans le ciel. Il ne s'agit pas de juger, de condamner ou d'approuver ces pensées. Il ne s'agit pas non plus de vous reprocher d'avoir fait preuve de faiblesse et de vous être laissé piéger. Non, ce que l'on vous demande ici, c'est d'observer silencieusement ce qui se passe, quoi qu'il se passe. Ce n'est ni de la lâcheté, ni de la facilité, ni de la faiblesse. C'est même exactement le contraire, et cela demande énormément d'énergie et de concentration. Il est tellement facile de se laisser aller à penser !

Commentaire

On n'apprend pas plus à méditer qu'on apprend à dormir. Il n'y a pas d'effort particulier à faire. Cela vient naturellement. Ceux qui souffrent d'insomnie le savent très bien : plus on cherche le sommeil, moins on le trouve. Il en est de même pour la méditation et pour le bonheur. Dans les deux cas, la seule chose que vous puissiez faire, c'est de créer les conditions favorables à leur venue. C'était l'objectif des exercices de cette dernière partie.

Évaluation finale • Où en êtes-vous ?

Après avoir effectué les exercices de cet ouvrage, pensez-vous avoir atteint les objectifs cités dans l'introduction ?

Sur une échelle de 0 à 5, évaluez votre progression par rapport à chaque objectif.

	0	1	2	3	4	5
Savoir se dégager rapidement de ses souffrances morales						
Améliorer son estime de soi						
Découvrir qui on est vraiment						
Trouver la route de la sérénité						

Commentaire

Si vous n'êtes pas suffisamment satisfait de votre progression par rapport à certains objectifs, retravaillez les exercices des parties correspondantes.

Mémento

Dans la colonne de gauche, notez le numéro et le nom des exercices que vous souhaitez utiliser régulièrement pour vous soutenir et vous accompagner au quotidien sur la route du bonheur. Dans la colonne de droite, inscrivez ceux que vous avez retenus pour faire face aux situations d'urgence.

Exercices journaliers	Trousse de secours
– n° 11 La « technique à Émile »	– n° 5 Une idée contre une idée
– n° 38 « Juste quelqu'un de bien »	– n° 42 Respirez le monde !
– n° 46 Une présence bien-veillante	– n°
– n°	– n°
– n°	– n°
– n°	– n°
– n°	– n°
– n°	– n°
– n°	– n°
– n°	– n°
– n°	– n°
– n°	– n°

Bibliographie

André C., *Imparfaits, libres et heureux*, Odile Jacob, 2009.

Coué É., *La Méthode Coué, Œuvres complètes*, Bussières, 2008.

Desjardins A., *L'Audace de vivre*, Pocket, 2000.

Dobbs B. et Poletti R., *Accepter ce qui est*, Jouvence, 2005.

Épictète, *Manuel*, Hatier, 2007.

Finley G., *Les Clés pour lâcher prise*, Éditions de l'Homme, 2003.

Jeffers S., *Tremblez mais osez !*, Marabout, 2007.

Kornfield J., *Après l'extase, la lessive*, La Table ronde, 2001.

Krishnamurti, *La Flamme de l'attention*, Seuil, « Points », 1998.

Krishnamurti, *La Révolution du silence*, Lgf, 1995.

Mello A. (de), *Quand la conscience s'éveille*, Albin Michel, 2002.

Prod'homme G., *La Voie des stoïciens*, Eyrolles, 2008.

Regard J., *Les Émotions, tout simplement*, Eyrolles, 2007.

Tolle E., *Le Pouvoir du moment présent*, Ariane, 2000.

Vivekananda S., *Jnâna-yoga*, Albin Michel, 2000.

Welwood J., *Pour une psychologie de l'éveil*, La Table ronde, 2003.

Welwood J., *Parfait amour, imparfait bonheur*, La Table ronde, 2006.

Composé par Istria